PAVILHÕES DO ESPORTE BRETÃO

"Que a imaginação tenha liberdade para navegar sobre os mares do pensamento, e que a inspiração floresça pelos férteis campos da criatividade".

Agradecimentos.

A Deus
Até aqui me ajudou o Senhor!

Obrigado!
À minha mãe que desde o inicio esteve comigo, aos meus irmãos Antônio, Cristiano e Luciano. A minha esposa Eliane.
E mais uma vez para o Arthur.

LUIS EDUARDO SOUZA

1ª Edição

CAPÃO DO LEÃO
2021

Diagramação, Capa e Projeto Gráfico:
Luis Eduardo Souza

Ilustrações criadas com o Autodesck SketchBook

luisdassler@gmail.com
Instagram:@1Pavilhoes.do.esporte.bretao

S719 Souza, Luís, 1982-
   Pavilhões do Esporte Bretão: Bandeiras Hasteadas/Luís
    Eduardo Souza-1.ed.-Capão do Leão-RS, Edição
    Independente, 2021.
    228p. 21cm.

   Inclui Bibliografia.
   ISBN: 978-65-00-16071-0

1.Panóplias. 2. FIFA. 3. Confederações

              CDD: 740
              CDU: 741.9

Todos os direitos reservados.
Proibida a reprodução total ou parcial desta obra, para fins comerciais, sujeitando-se o infrator às penalidades cíveis e criminais cabíveis a Lei n.º 9.610/98.

SUMÁRIO

Apresentação..6
Panóplias..7
FIFA..24
Confederações..26
Associações...33
Vexilologia...54
Clubes Brasileiros..55
Clubes Estrangeiros..112
Problemática..224
Bibliografia..226

As informações textuais e visuais contidas nessa obra, foram extraídas de fontes oficiais e possuem as devidas referencias registradas em sua bibliografia

Apresentação

Uma verdadeira joia para os amantes de futebol e para os colecionadores de insígnias, *Pavilhões do Esporte Bretão* é uma obra constituída em quatro livros que abordam exclusivamente sobre as bandeiras oficiais das agremiações e associações de futebol de todo o mundo, sendo inteiramente atribuída a esse tema. Sua singularidade consiste na grande coleção de insígnias em uma única obra, com dados consultados em fontes oficiais, abonando a sua fidedignidade e originalidade.

Os termos pavilhão e esporte bretão se relacionam ao longo da história pelo cotidiano popular, eles são encontrados em alguns hinos de clubes, principalmente aqueles com origem no início do século 20, bem como em notas e artigos da crônica esportiva. O termo bretão é originário da Britannia, antiga província romana localizada na atual Inglaterra. Partindo do princípio em que os pavilhões eram as insígnias usadas para identificar as nações das antigas embarcações marítimas, que a partir do final do século 19 e o início do 20, partiam das ilhas britânicas com seus imigrantes, e a partir dali cruzaram os mares e foram os responsáveis por disseminar o esporte bretão por todas as partes do mundo.

O pavilhão é um objeto, um pedaço de pano içado, onde uma corda prendida em sua tralha o eleva ao mais alto, lá onde o vento se encarrega de exibir majestosamente as suas cores e formas, revelando publicamente a sua identidade. A história, paixão e o orgulho pela instituição estão externados, como forma de indicar suas origens e tradição, e assim justificar o afeto de união aos seus adeptos. Ao mesmo tempo que ela tem a função de representar e identificar a instituição, ela remete o sentimento de uniformidade entre os seus partidários ao sentirem-se representados por ela.

Pavilhões do Esporte Bretão – Hasteados, é uma obra voltada a representar os locais originais onde as bandeiras são usadas, contextualizando sua representação simbólica e histórica. Com uma linguagem simples e direta, mesclado com ilustrações estilo vintage, cheias de significados emblemáticos expondo o contexto por trás dos desenhos e na simbologia contida neles.

Panóplias
Locais com muitas bandeiras

Panóplia, em vexilologia, é uma peça que contém uma disposição de várias bandeiras.

Em muitas circunstâncias as bandeiras de várias agremiações, federações e associações são dispostas perfiladas em um único local, formando uma coleção. É uma forma representativa para indicar os membros que estão associados à instituição mandatária, como acontece na sede da FIFA em Zurique, lá estão hasteadas permanentemente as bandeiras das seis Confederações continentais filiadas à FIFA.

Em alguns locais os pavilhões são içados nas sedes das federações, para indicar os representantes que jogam nas primeiras divisões dos campeonatos locais, como acontece em algumas federações estaduais do Brasil(Federação Paulista de Futebol, Federação Gaúcha de Futebol e na Federação Catarinense de futebol). Já na Federação de Futebol do Estado do Rio de Janeiro, são penduradas em frente à sede as seis bandeiras dos campeões de todas as divisões de competência da federação carioca.

Em outros países como Uruguai e Espanha, as bandeiras são dispostas perfiladas nas fachadas dos Estádios por todo o país, para indicar os participantes do campeonato da Primeira Divisão. Para esta obra, foi considerada panóplia, um conjunto de quatro ou mais pavilhões hasteados simultaneamente no mesmo local e que as sociedades neles representados sejam do mesmo nível ou categoria.

PANÓPLIAS

PAVILHÕES DO ESPORTE BRETÃO

CENTENÁRIO

Estádio Centenário

Av. Dr. Américo Ricaldoni
Parque Batle
11600 Montevideo
www.estadiocentenario.com.uy

A panóplia no Estádio Centenário é composta pelos pavilhões dos clubes da primeira divisão do campeonato uruguaio de futebol, dispostos em mastros perfilados na Tribuna América, onde o vento sopra do sul, vindo da direção do Rio da Prata. Esse foi o Estádio da primeira Copa do Mundo realizada em 1930, um Monumento do Futebol, como é carinhosamente chamado.

Localizado na região central de Montevideo, o estádio divide o imenso Parque Jose Batle com outros complexos esportivos, o estádio Parque Mendez Piana do Miramar Misiones , o Estádio Parque Palermo do Central Español (que são os estádios mais próximos do mundo, apenas um muro separa os dois) o Velódromo Municipal de Montevideo, o Club Uruguayo de Tiro, a Pista de Atletismo Darwin Piñeyrúa, o Instituto Superior de Educación Física e ainda o famoso Monumento a Carreta.

Esse foi o lugar onde tudo começou, a ideia de compor essa obra foi ganhando força ao longo dos anos seguintes, mas o ponto de partida, ou seja, a inspiração nasceu ao ver aquelas bandeiras hasteadas logo acima da arquibancada onde eu estava, todas coloridas e tremulavam com o vento frio daquele outono de 2005. Na época nem certo eu sabia o que elas representavam, mas o conjunto daqueles panos reunidos, naquela atmosfera do jogo davam um efeito muito interessante.

O jogo válido pelas eliminatórias da Copa do Mundo de 2006, era entre Uruguai e Brasil no dia 30 de março de 2005, o jogo terminou empatado em 1 a 1, mas a lembrança daqueles pavilhões não saíram da minha memória.

Os pavilhões dispostos na imagem, da esquerda para a direita: CA River Plate, Rampla Junior FC, Racing Montevideo, CA Progreso, CA Peñarol, C Nacional de F, Montevideo Wanderers FC. Do outro lado da marquise: Liverpool FC, CA Fenix, El Tanque Sisley, Danúbio FC, CA Cerro, CA Bella Vista e CA Atenas.

SEDE DA FIFA

FIFA-Strasse 20
P.O. Box 8044 Zurich, Switzerland
www.fifa.com

Fédération Internationale de Football Association

PANÓPLIAS

EASTERN SUBURBS

Eastern Suburbs AFC

Madills Farm, 6 Baddeley Avenue
Kohimarama, Auckland
P O Box 25343, St. Heliers
Auckland, 1740
www.easternsuburbs.org.nz

O segundo pavilhão atrás do principal é o do Fencibles United AFC, o terceiro do University-Mount Wellington AFC e o último em vermelho, a bandeira do Ellerslier AFC

FGF

Federação Gaúcha de Futebol

PANÓPLIAS

Av. Ipiranga, 10
Praia de Belas
Porto Alegre - RS
90160-090
www.fgf.com.br

    A panóplia que virou troféu, é o Monumento localizado na Avenida Ipiranga em Porto Alegre, onde fica a sede da Federação Gaúcha de Futebol, ele consiste em uma grande estrutura metálica com quatro pilares sustentando uma bola de aço, onde consta o escudo da federação. No seu redor está circundado os mastros onde estão hasteadas os pavilhões dos clubes participantes do campeonato gaúcho tendo ao centro a bandeira da Federação Gaúcha de Futebol, geralmente colocada entre os panos do Grêmio e do Inter.

    O Gauchão de 2015 foi mais um capítulo marcado por uma bela polêmica da rivalidade Gre-Nal, o campeonato foi conquistado pelo Internacional, após vencer o Grêmio por 2 a 1 no jogo final no dia 3 de maio. O troféu conquistado pelo colorado era exatamente uma réplica em miniatura desse monumento que está na frente da federação, que na ocasião estava inaugurando sua nova sede.

    O fato curioso ocorreu durante a cerimônia de inauguração da Nova Sede da FGF e também a premiação dos melhores do Gauchão, onde foi testemunhado o sumiço da bandeirinha do Grêmio que fazia parte do troféu. A taça de campeão foi entregue ao Internacional no final do jogo, e depois disso a bandeirinha alusiva ao Grêmio simplesmente desapareceu. O detalhe é que todas as bandeiras dos outros times que disputaram o campeonato, além do Internacional, foram mantidas na taça, que está no museu do Beira-Rio. O adereço teria sido retirado pelo próprio Inter, logo após receber a taça no final do jogoconforme uma fonte ligada à Federação Gaúcha de Futebol (FGF).

PANÓPLIAS

Os pavilhões da esquerda para a direita: Osasuna, Deportivo La Coruña, Sporting Gijon. Real Betis, Barcelona, Alcorcón, Real Madrid, Sevilla, Real Sociedad, Real Zaragoza, Racing Santander, Valladolid e Valencia.

Santiago Bernabeu

Estádio Santiago Bernabeu

Real Madrid Club de Fútbol
Av. Concha Espina 1
28 036 MADRID
ESPAÑA

A casa do Real Madrid CF, chamado pelos seus torcedores de "O Santuário", palco da final da Copa do Mundo de 1982, localizado ao norte da região central de Madrid, no glamoroso bairro de Chamartin, nome do antigo estádio do clube, que ficava ao lado do atual e deu lugar ao novo quando suas arquibancadas perderam espaço para a gigantesca construção, causando assim a sua extinção.

A partir de 1955 com a nova inauguração, passou a se chamar Estádio Santiago Bernabeu, em homenagem ao ex jogador, diretor e presidente do clube, principal agente e entusiasta na campanha da construção do novo estádio. Situado na Avenida de Concha Espina numero 1, via que circunda a fachada sul do edifício.

Já a panóplia dos clubes que disputam a primeira divisão da liga espanhola da temporada vigente, está hasteada em outra face do imponente edifício. Na fachada oeste, costeada pelo Paseo de La Castellana, estão içadas e perfiladas a uma altura de vinte e dois metros as vinte bandeiras dos times que disputam a La Liga.

Por toda a Espanha os clubes mantem a tradição de hastear os pavilhões dos seus concorrentes ao campeonato nacional nas fachadas dos estádios. Inclusive na sede da Real Federación Española de Fútbol estão dispostas na sala de convenções e imprensa os mastros internos com as bandeiras dos times afiliados.

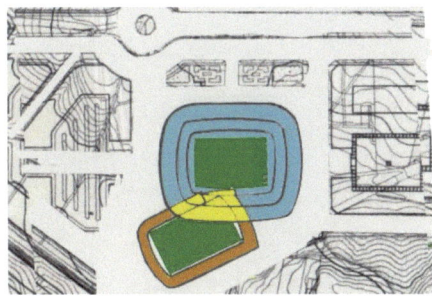

O desenho mostra a posição em que ficava o antigo Chamartin, e onde foi construído o novo Santiago Bernabeu.
Em vermelho o antigo e em azul o novo.

PANÓPLIAS

FPF
Federação Paulista de Futebol

Rua Regina Helena 55,
Barra Funda
São Paulo-SP
01141-060
BRASIL

Foi em São Paulo que o futebol chegou primeiro, oficialmente através de Charles Miller, depois de 10 anos estudando em Southampton, na Inglaterra. Desembarcou no Brasil em 1894, trazendo duas bolas, um par de chuteiras, alguns uniformes usados, uma bomba para encher bolas e um livro em inglês com as regras do football.

Um ano depois foi realizada a primeira partida do esporte bretão no Brasil, na alagadiça Várzea do Carmo, no Bairro do Brás em São Paulo. O jogo foi disputado no dia 14 de abril de 1895 e o São Paulo Railway, time de Charles Miller venceu o Gás Company of São Paulo por 4 a 2, os times pertenciam a empresas inglesas, com grande predominância de britânicos entre elas, inclusive o pai de Charles Miller, que era inglês, trabalhava na São Paulo Railway.

Charles Miller também jogou na primeira competição do Brasil, o Campeonato Paulista de 1902, atuando num clube de origem britânica, o São Paulo Athletic Club, onde foi campeão naquele ano. Ainda jogando pelo SPAC, Miller foi campeão paulista nos dois anos seguintes, em 1903 e 1904.

Atualmente, o Campeonato Paulista, conta com a participação de 16 clubes na Série A1, esses participantes tem seus pavilhões hasteados na praça da Federação Paulista de Futebol, localizada no pátio da instituição. O monumento é composto por uma estrutura central que sustenta uma bola armada em hastes de aço no alto, com os dezesseis mastros das bandeiras dos clubes que circundam ao seu redor.

Na imagem os pavilhões dispostos em primeiro plano, da esquerda para a direita: Santos FC(atrás desta, as bandeiras da SE Palmeiras e São Paulo FC), CA Bragantino, Oeste FC, Botafogo FC, Mogi Mirim EC, EC XV de Piracicaba. Em segundo plano da esquerda para a direita: SC Corinthians P, AA Ponte Preta, CA Linense, Audax São Paulo, EC São Bernardo, CA Penapolense, Comercial FC, outras não identificadas.

PANÓPLIAS

Estádio La Romareda

Real Zaragoza S.A.D

Paseo Isabel la Católica, 4
50009 Zaragoza
Espanha
www.realzaragoza.com

Na imagem, os Pavilhões perfilados na fachada do estádio La Romareda, na cidade de Zaragoza, a bandeira do Valencia CF está à esquerda, ao lado está a do Real Zaragoza em estilo border, com o fundo branco, constituído por uma borda larga em azul e com o escudo do clube ao centro, hasteada a meio mastro em homenagem póstuma à alguma personalidade importante ligada a instituição. Seguindo na sequência o pavilhão do RCD Mallorca, R Bétis Balompié e por último a do CA Osasuna.

PANÓPLIAS

ESTÁDIO DE MALTA

Millennium Stand,
Level 2 National Stadium Ta Qali,
ATD 4000, Malta

Estádio Nacional de Malta (Ta' Qali)

Da esquerda para a direita os pavilhões do Mosta FC, Tarxien Rainbows FC, Birkirkara FC e Floriana FC.

PANÓPLIAS

ESTÁDIO DE MALTA

Millennium Stand,
Level 2 National Stadium Ta Qali,
ATD 4000, Malta

Estádio Nacional de Malta (Ta' Qali)

Da cima para a baixo os pavilhões do Vittoriosa Stars FC, Qormi FC, Hibernians FC e Birkirkara FC

PANÓPLIAS

FCF

Federação Catarinense de Futebol

Al. Delfim Pádua Peixoto Filho, s/n
Balneário Camboriú/SC
88337-315
fcf.com.br

PANÓPLIAS

FFERJ

Rua Professor Manoel de Abreu, 76
Maracanã - CEP 20550-170
Rio de Janeiro, RJ - Brasil

Federação de Futebol do Estado do Rio de Janeiro

CONFEDERAÇÕES

F.I.F.A.

No majestoso reino do futebol existe uma hierarquia, onde a soberania de uma federação internacional rege as confederações continentais e suas súditas federações nacionais, logo abaixo dessas estão os vassalos clubes sustentados pela plebe popular.

A FIFA (*Federation Internationale de Football Association*) é o órgão máximo do futebol mundial, o esporte coletivo mais popular do mundo. Filiada ao Comitê Olímpico Internacional, fundada em Paris no dia 21 de maio de 1904 e hoje está sedeada em Zurique, na Suíça. Na FIFA, é onde estão filiadas as Confederações Continentais e as Associações Nacionais de futebol do mundo inteiro.

A FIFA reconhece um total de 209 federações nacionais masculinas e 129 federações femininas, e possui mais membros do que a ONU, a ela são afiliadas 23 federações de territórios não reconhecidos pelas Nações Unidas, como a Federação de Futebol da Palestina. Apenas oito nações soberanas não possuem organizações filiadas à FIFA: Mônaco, Vaticano, Micronésia, Ilhas Marshall, Kiribati, Tuvalu, Palau e Nauru.

O pavilhão da FIFA assim como o do seu FAIR PLAY, são uns dos pavilhões mais hasteados do mundo, eles podem ser içados em mastros de confederações, associações, federações, em torneios e campeonatos oficiais realizados ou reconhecidos pela instituição em todos os continentes.

FIFA

Fédération Internationale de Football Association

FIFA-Strasse 20
P.O. Box 8044 Zurich, Switzerland
www.fifa.com

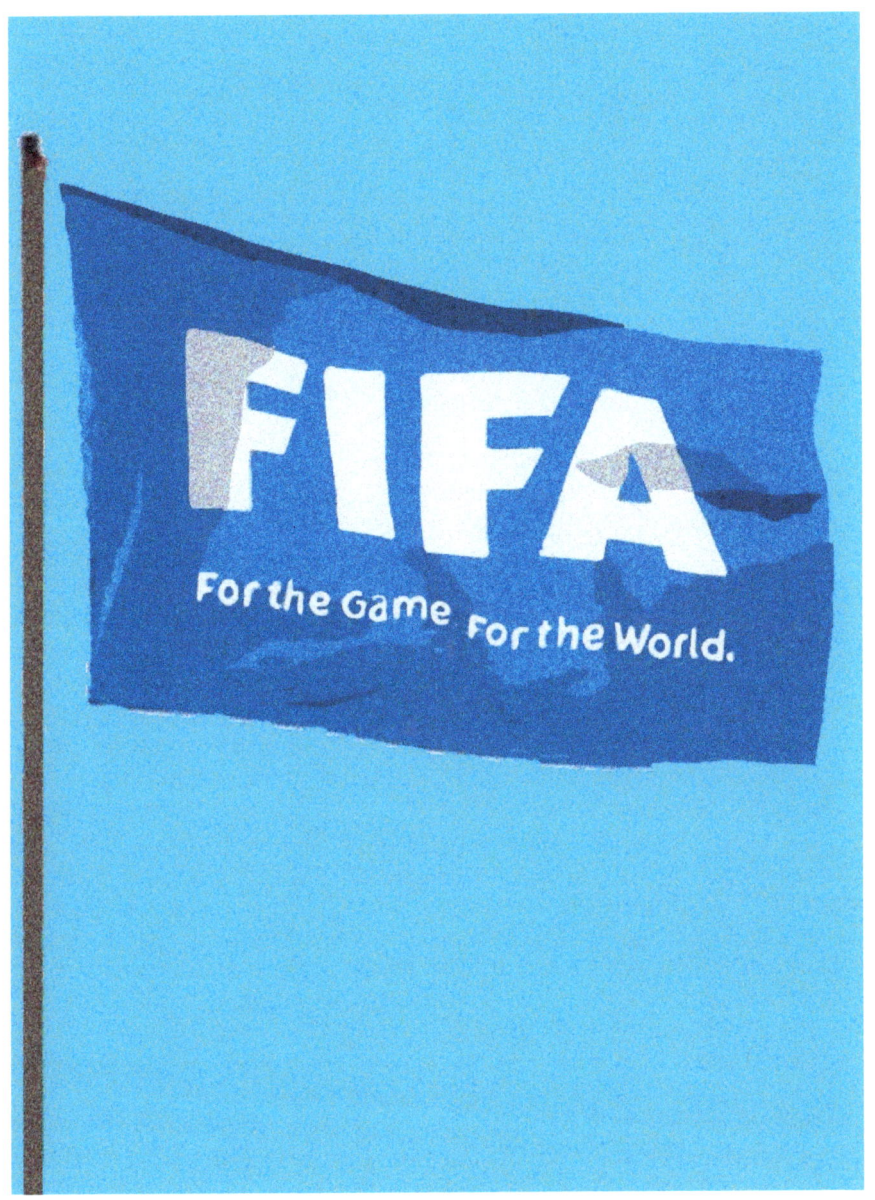

Confederações.

São seis as Confederações Continentais, e os seus pavilhões tremulam juntos em frente à sede da FIFA em Zurique.

Seguindo as normas da FIFA, as seis confederações continentais organizam competições em suas áreas de atuação, a CONMEBOL (Confederación Sudamericana de Fútbol) na América do Sul, CONCACAF (Confederation of North, Central American and Caribbean Association Football) na América do Norte, Central e Caribe(a Guiana e o Suriname estão na América do Sul, mas são filiadas à CONCACAF), UEFA(Union of European Football Associations) na Europa, AFC (Asian Football Confederation)na Ásia, a Austrália apesar de estar localizada na Oceania, ela faz parte da AFC desde 2006),a CAF (Confédération Africaine de Football) na África e OFC (Oceania Football Confederation) na Oceania.

Os pavilhões das confederações são dispostos em modelos simples, com os fundo em cor única e o brasão inserido centro. A bandeira da comebol consiste em fundo branco, com o emblema no centro e abaixo desse o lema, " Fútbol desde 1916", a CONCACAF adota um estandarte de cor preta e no centro o logo da instituição em dourado, que apresenta um círculo simbolizando o sol e o futebol. O pavilhão da UEFA é disposto em fundo azul, com o escudo ao centro, a bandeira da AFC também é em fundo azul com o emblema da federação. Já os pavilhões da CAF e da OFC são em fundo branco com os distintivos das respectivas confederações ao centro.

CONFEDERAÇÕES

AFRICA-CAF

3 Abdel Khalek Sarwat St, El Hay El Motamayez,
P.O. Box 23, 12566 6TH OCTOBER CITY (EGY)
www.cafonline.com

Confédération Africaine de Football

CONFEDERAÇÕES

ASIA-AFC

AFC House, Jalan 1 / 155B,) Bukit Jalil
57000 KUALA LUMPUR (MAS
www.the-afc.com

Asian Football Confederation

CONFEDERAÇÕES

CONCACAF

161 NW 6th Street, Suite 1100
Miami, FL 33136 – USA
www.concacaf.com

Confederation of North, Central American and Caribbean Association Football

CONFEDERAÇÕES

CONMEBOL

Autopista Silvio Pettirossi y Avda. Sudamericana - Luque – Paraguay
www.conmebol.com/

Confederacion Sudamericana de Fútbol

CONFEDERAÇÕES

OFC

12 Maurice Road, Penrose
Auckland 1061
New Zealand
www.oceaniafootball.com

Oceania Football Confederation

CONFEDERAÇÕES

UEFA
Union of European Football Associations

Route de Genève 46
Case postale
CH-1260 Nyon 2
Switzerland
www.uefa.com

Associações.

As pátrias de chuteiras, assim são as respectivas associações, especialmente as nacionais, elas podem estar fracionadas, e seus jogadores atuando por campeonatos de outras nações. No final, o que vale é a reunião para representar a nação, unidos nas mesmas cores e símbolos, o sentimento pela pátria está acima de todos.

As associações nacionais organizam os campeonatos e torneios no país, é onde estão afiliados os clubes e algumas federações regionais, estaduais ou provinciais. As associações são as responsáveis por representar o futebol nacional a nível continental ou mundial através das seleções, ou seja, reunir um time com os melhores jogadores daquele país para disputar os principais campeonatos entre nações.

Como o futebol tomou proporções universais, é quase impossível selecionar jogadores de uma específica nacionalidade jogando em seu país natal, na maior parte dos casos eles estão atuando em outros países, onde o futebol tem um maior destaque econômico. Geralmente os melhores jogadores estão nas melhores ligas, mas a nível patriótico, eles são recrutados de onde estiverem, para irem representar a suas nações.

Os pavilhões das federações quase sempre conservam as cores pátrias, na grande maioria essas insígnias são dispostas em fundo branco com o emblema da entidade no centro. Embora em alguns casos surgem cores que não estão nos estandartes nacionais, como o pavilhão da Federação Holandesa na cor laranja, alusiva ao uniforme com sua camiseta característica, na qual originou o apelido de laranja mecânica, devido a forma categórica que a equipe jogava nos anos 70.

ASSOCIAÇÕES

A Federação Alemã é um outro exemplo, o seu pavilhão é de fundo verde, com o monograma da instituição disposto na cor branca, nenhuma dessas cores estão representadas na bandeira nacional, que são o preto, vermelho e o amarelo, outra curiosidade: a seleção alemã usa camiseta branca como primeiro uniforme. Bem como o estandarte da Federação Portuguesa, disposto em retângulo de fundo branco, com o escudo da instituição no centro, visto que as cores nacionais também não estão representados, mas um símbolo nacional está disposto na insígnia da federação, o escudo em prata(branco) carregando os escudetes azuis besantados em cruz, segundo a versão lendária, esse símbolo nasceu na Batalha de Ourique.

O pavilhão da Federação Japonesa de Futebol, nada lembra a bandeira do Japão, mas ele é composto por alguns significados alusivos ao país. A insígnia é constituída por um retângulo torneado por uma borda azul, o seu interior é composto por um fundo amarelo, e dentro desse no cantão estão dispostas as iniciais JFA em azul e ao centro da bandeira, uma figura mitológica: um corvo preto com três patas em que uma delas está segurando a bola, representando o sol vermelho do Japão. Adotado como símbolo em 1931, o animal representa a ave sol e o seu nome é Yatagarasu, que significa corvo de grande tamanho. Essa é uma lenda importante do Japão, onde as crônicas relatam que o grande corvo foi enviado do céu para orientar Jimmu, o primeiro Imperador do Japão, em sua jornada inicial rumo as terras que deram origem à fundação da nação japonesa.

Um pavilhão fora das características regionais é o da CBF, esse estilo é mais encontrado em solos orientais, na região do Prata, onde o escudo perde o seu formato físico e as suas características e símbolos são transferidas para o retângulo. Na bandeira da CBF os elementos internos do escudo são mantidos, mas com o acréscimo das 27 estrelas brancas no cantão, representando os 27 estados da federação.

A Associação Argentina apresenta um pavilhão diferente entre todas as nações, ele é o único em formato triangular entre as federações nacionais, disposto em fundo branco, ele contém no centro um losango azul celeste com o fundo branco e em seu interior o monograma AFA também em azul celeste.

ASSOCIAÇÕES

ALEMANHA - DFB

Deutscher Fussball-Bund

Otto-Fleck-Schneise 6
60528 Frankfurt / Main
Deutschland
www.dfb.de

ASSOCIAÇÕES

ARGENTINA - AFA

Asociación del Fútbol Argentino

Viamonte 1366 (C1053ACB)
Buenos Aires
Argentina
www.afa.org.ar

ASSOCIAÇÕES

BRASIL - CBF

Confederação Brasileira de Futebol

Av. Luis Carlos Prestes, 130
Rio de Janeiro – RJ
22775-055
Brasil
www.cbf.com.br

ASSOCIAÇÕES

CHINA - CFA

Chinese Football Association

Easton Centre Tower A (15F),
18 Guangqu Road,
Chaoyang District
100022 Beijing, China
www.fa.org.cn

ASSOCIAÇÕES

COSTA RICA - FCF

Federación Costarricense de Fútbol

San Rafael de Alajuela.
670-1000 SAN JOSE
Costa Rica, A.C.
www.fedefutbol.com

ASSOCIAÇÕES

DINAMARCA - DBU

Dansk Boldspil Union

D B U Allé 1
2605 Brøndby
Denmark
www.dbu.dk

ASSOCIAÇÕES

ESPANHA- RFEF

Calle Ramón y Cajal s/n
28232 Las Rozas, Madrid
ESPAÑA
www.fedefutbol.com

Real Federación Española de Fútbol

ASSOCIAÇÕES

FRANÇA - FFF

87, Boulevard de Grenelle
75738 PARIS CEDEX 15
France
www.fff.fr

Fédération Française de Football

ASSOCIAÇÕES

GANA - GFA

Ghana Football Association

General Secretariat,
South East Ridge,
P.O. Box AN 19338
ACCRA, GHANA
www.ghanafa.org

ASSOCIAÇÕES

INGLATERRA - FA

Wembley Stadium, P.O. Box 1966
SW1P 9EQ London
England
www.thefa.com

The Football Association

A criação do futebol moderno como conhecemos hoje é atribuída aos ingleses, por vezes chamado de "o esporte bretão". Originário da antiga Britannia, a província romana existiu entre 43 e 410 d.C. e ocupava o centro-sul da ilha da Grã-Bretanha.

O esporte foi oficialmente estabelecido em Londres com a fundação da Football Association, em 26 de outubro de 1863 com o objetivo de unir as regras do jogo. Da Inglaterra provém a origem de praticamente todos os registros e derivações do futebol e também ostenta a posição de primeiro país a documentar a palavra "futebol" e ter as primeiras referências do esporte registrado em francês (1314).

O pavilhão da F.A. é a derivação do seu próprio emblema, onde os três leões estão dispostas em um retângulo de fundo branco, podendo também ser utilizado o escudo da instituição no centro do retângulo branco. Já escudo da Football Association, foi inspirado no brasão de Gules, que originalmente é composto em fundo vermelho e três leões dourados com as línguas e garras na cor azul, criado para simbolizar o reinado nacional, ainda no século 12, sendo adotado como brasão de "Armas Reais da Inglaterra", Segundo os registros históricos, Henrique II, coroado em 1154, foi o primeiro a usar um leão como insígnia, mas Ricardo I "Coração de Leão" foi quem adotou os três leões em um mesmo brasão para distinguir a monarquia inglesa das outras.

Na adoção como símbolo institucional da FA o Brasão de Gules sofreu uma transformação, o fundo vermelho passou para branco, a cor dos leões dourados passou para para azul marinho e também foi adicionando 10 Rosas de Tudor, ou Rosa da Inglaterra, em referência ao mês de outubro (10), no qual a associação foi fundada. As cores da instituição foram escolhidas inspiradas na bandeira do Reino da Grã-Bretanha.

ASSOCIAÇÕES

HOLANDA - KNVB

Koninklijke Nederlandse Voetbalbond

Woudenbergseweg 56-58, 3707 HX Zeist, The Netherlands
www.knvb.com

A KNVB é uma das raras associações em que o seu escudo está disposto no voar da bandeira, a parte mais longe do mastro, ou seja, o lado oposto a tralha

ASSOCIAÇÕES

IRLANDA - FAI

Football Association of Ireland

National Sports Campus
Abbotstown
D15 X8PD Dublin
Ireland
www.fai.ie

ASSOCIAÇÕES

ISLANDIA - KSI

Knattspyrnusamband Íslands

Laugardal
104 REYKJAVIK
ICELAND
www.ksi.is

ASSOCIAÇÕES

ITALIA - FIGC

Federazione Italiana Giuoco Calcio

Via Gregorio Allegri 14
00198 ROMA
www.figc.it

ASSOCIAÇÕES

MADRID

Via Lusitana, 5
28025 Madrid
www.rffm.es

Real Federación de Fútbol de Madrid

ASSOCIAÇÕES

NORUEGA - NFF

Norges Fotballforbund

Ullevaal Stadion
Sognsveien 75 J
0840 OSLO
www.fotball.no

ASSOCIAÇÕES

SUÉCIA - SvFF

Svenska Fotboll Forbundet

Evenemangsgatan 31 A
P.O. Box 1216
SE 171 23 SOLNA
SWEDEN
www.svenskfotboll.se

ASSOCIAÇÕES

SANTA CATARINA

Federação Catarinense de Futebol

Al. Delfim P. Peixoto Fº,
Bairro dos Municípios.
Balneário Camboriú/SC
BRASIL
88337-315
www.fcf.com.br/

Vexilologia

É o estudo das bandeiras, estandartes e insígnias e das suas simbologias, usos e normas. Este termo provém de vexilo, nome dos estandartes utilizados pelos exércitos romanos.

As bandeiras são constituídas de formas e padrões diferentes, elas possuem características e particularidades que formam uma identidade visual à instituição a qual estão atreladas. A ilustração representa algumas partes técnicas dos pavilhões que serão abordados ao longo dessa obra.

CAMPO é toda a área ou fundo de uma bandeira, independente da sua forma ou padrão.

TRALHA é a região da bandeira onde se prende ao mastro.

CANTÃO é localizado no quarto superior da bandeira mais próximo do mastro, geralmente a grua superior à esquerda.

GUINCHO é a metade ou a borda mais próxima do mastro.

EMBLEMA ou CARGA é a figura ou símbolo usado em qualquer parte do campo de uma bandeira, geralmente usado no centro, mas pode ser aplicado no cantão e em outras partes específicas.

VOAR é a metade ou a faixa vertical mais longe do mastro.

BATENTE é a área livre da bandeira, a parte que bate ao vento.

Clubes Brasileiros

> No Brasil o futebol não é uma questão de escolha ou decisão, é muito mais que isso. É irracional, é sentimento!

A problemática enfrentada na pesquisa sobre o tema principal abordado no livro foi a dificuldade de encontrar as informações fidedignas em relação as insígnias oficiais das instituições, tendo em vista a veiculação e publicação de imagens que não são as oficiais. Isso se deve ao fato de que o torcedor se permite ao direito de confeccionar a sua própria bandeira, sem a preocupação de manter as formas e as linhas originais do pavilhão oficial, também não é o dever dele, ali a emoção é o que vale, o ato de empunhar a insígnia do seu time está acima de qualquer preceito formal ou oficial, e mesmo que não seja o símbolo padrão, ele também desenvolve a função alusiva.

Nos pavilhões dos clubes brasileiros são encontrados diversos formatos e desenhos, na grande maioria as instituições dispões seus escudo de forma integral em suas bandeiras, alguns clubes apresentam seus estandartes de forma especial, onde o escudo não está presente, por algum motivo histórico ou tradicional, como acontece com o GA Farroupilha de Pelotas, onde o seu pavilhão se consiste em um modelo inspirado nas bandeiras militares, já que o clube teve como fundadores alguns oficiais do Exército Brasileiro, inclusive o seu primeiro nome era Grêmio Atlético 9º Regimento. Outro time da cidade, o EC Pelotas também não usa o seu escudo na bandeira, na verdade seus elementos são estendido por todo o retângulo, as iniciais E.C.P. em azul são dispostas no cantão, limitadas por um quarto de círculo de fundo amarelo, de onde saem sete faixas azuis e seis amarelas em raiado crescente para os três cantos restantes do pavilhão.

A problemática enfrentada na pesquisa sobre o tema principal abordado no livro foi a dificuldade de encontrar as informações fidedignas em relação as insígnias oficiais das instituições, tendo em vista a veiculação e publicação de imagens que não são as oficiais. Isso se deve ao fato de que o torcedor se permite ao direito de confeccionar a sua própria bandeira, sem a preocupação de manter as formas e as linhas originais do pavilhão oficial, também não é o dever dele, ali a emoção é o que vale, o ato de empunhar a insígnia do seu time está acima de qualquer preceito formal ou oficial, e mesmo que não seja o símbolo padrão, ele também desenvolve a função alusiva.

Nos pavilhões dos clubes brasileiros são encontrados diversos formatos e desenhos, na grande maioria as instituições dispões seus escudo de forma integral em suas bandeiras, alguns clubes apresentam seus estandartes de forma especial, onde o escudo não está presente, por algum motivo histórico ou tradicional, como acontece com o GA Farroupilha de Pelotas, onde o seu pavilhão se consiste em um modelo inspirado nas bandeiras militares, já que o clube teve como fundadores alguns oficiais do Exército Brasileiro, inclusive o seu primeiro nome era Grêmio Atlético 9º Regimento. Outro time da cidade, o EC Pelotas também não usa o seu escudo na bandeira, na verdade seus elementos são estendido por todo o retângulo, as iniciais E.C.P. em azul são dispostas no cantão, limitadas por um quarto de círculo de fundo amarelo, de onde saem sete faixas azuis e seis amarelas em raiado crescente para os três cantos restantes do pavilhão.

Clubes Brasileiros

ATLHÉTICO-PR
Clube Athlético Paranaense

Estr. do Ganchinho, 1451
Umbará
Curitiba – PR
81935-006
www.athletico.com.br

Clubes Brasileiros

AMERICA
America Football Club

Rua Gonçalves Crespo 274
Tijuca
Rio de Janeiro/RJ
20270-320
BRASIL

Fundado em 18 de setembro de 1904, o seu nome não tem acentuação, porque provem do inglês, o America Football Club está historicamente sediado na região da Tijuca. É o clube com o nome mais copiado do Brasil, seus principais títulos são os sete Campeonatos Cariocas de 1913, 1916, 1922, 1928, 1931, 1935 e 1960 e o Torneio dos Campeões de 1982.

A primeira camisa de 1904 até 1906 era toda preta, de 1906 a 1908, por problemas no fornecimento ficou rubro-negra. E em 1908, por sugestão de João Evangelista Belfort Duarte, foi substituída pela atual e tradicional camisa vermelha e calção branco. As novas cores foram escolhidas em homenagem à Associação Athletica Mackenzie College, clube paulistano fundado por Belfort Duarte. Devido a esses episódios, o pavilhão do America também sofreu uma mudança radical, o primeiro consistia em um quadrilátero na cor preta, com o distintivo antigo ao centro, o monograma A F C entrelaçado na cor branca, o atual apareceu com a mudança das cores e a nova grafia do distintivo em 1908, propostas por Belford Duarte, esta bandeira entre outras do America está em Pavilhões do Esporte bretão – Bandeiras Históricas e Extintas.

Em 27 de novembro de 1918, dia em que completou 35 anos de idade, Belfort Duarte foi assassinado em Campo Belo, distrito de Resende, no sítio onde morava, o motivo seria uma disputa de terras. Segundo o relato de sua filha, D. Mary, ele estava vestido com a camisa rubra do América. Um grande entusiasta do esporte, promoveu a primeira visita de um time estrangeiro ao país, e também traduziu as regras do football do inglês para o português.

HINO DO AMERICA FC
Letra e Música: Lamartine Babo

Hei de torcer, torcer, torcer...
Hei de torcer até morrer, morrer, morrer...
Pois a torcida americana é toda assim
A começar por mim
A cor do pavilhão
É a cor do nosso coração!
Em nossos dias de emoção
Toda torcida cantará esta canção!

ESTATUTO DO AMERICA FC

Artigo 4
O Pavilhão do Clube é vermelho, tendo esse ao centro o distintivo, que é constituído pelas letras A F e C, dispostas de forma especial, dentro de uma circunferência, também branca, conforme termo de propriedade numero 36.962, registrado no Instituto Nacional de Propriedade Industrial.

Clubes Brasileiros

ATLETICO-MG

Clube Atlético Mineiro

Av. Olegário Maciel 1516
Lourdes
Belo Horizonte-MG
30180-111
www.atletico.com.br

O poema de Roberto Drummond, um celebre atleticano descreve muito bem o amor e a simbologia que o clube representa para o seu torcedor, ele expressa sua paixão nos elementos representativos contidos no texto. Até um certo ponto é quase um paradoxo, nele o autor declara que torce para camisa atleticana contra a tempestade, e em outro momento ele expõe o orgulho de nunca guardar a sua bandeira, pois ela está sempre tremulando ao vento.

Se Houver Uma Camisa Preta e Branca...
Se houver uma camisa preta e branca pendurada no varal durante uma tempestade, o atleticano torce contra o vento. Ah, o que é ser atleticano? É uma doença? Doidivana paixão? Uma religião pagã? Bênção dos céus? É a sorte grande? O primeiro e único mandamento do atleticano é ser fiel e amar o Galo sobre todas as coisas. Daí, que a bandeira atleticana cheira a tudo neste mundo.
Cheira ao suor da mulher amada.

Cheira a lágrimas.
Cheira a grito de gol
Cheira a dor.
Cheira a festa e a alegria.
Cheira até mesmo perfume francês.
Só não cheira a naftalina, pois nunca conhece o fundo do baú, trêmula ao vento.

Na imagem principal o pavilhão do Galo tremula na região da Pampulha, em Belo Horizonte, ao fundo se avista por sobre a lagoa o imponente Estádio Mineirão. Essa é a bandeira que o Atlético utiliza para os hasteamentos oficiais, composta por cinco faixas horizontais pretas, intercaladas por quatro faixas brancas de mesma proporção, com o escudo do clube ao centro ocupando o espaço das três faixas pretas internas, com uma estrela dourada acima do emblema ocupando a faixa superior branca.

Mas no seu estatuto social é informado um outro pavilhão, um que mais aparece nas salas de imprensa e diretoria do clube, não tão comum de se ver hasteado, assim descrito no Artigo 14:
I – A Bandeira, nas cores preto e branco, contendo cinco listras horizontais pretas e brancas, e o escudo no ângulo superior esquerdo, na medida de 1,28 x 0,90m. Essa bandeira descrita no estatuto do Galo, está disposta em Pavilhões do Esporte Bretão – Coleção.

Clubes Brasileiros

AVAÍ

Avaí Futebol Clube

Av. Dep. Diomício Freitas, 1.000
Florianópolis - SC
88047-401
www.avai.com.br

BAGÉ

Grêmio Esportivo Bagé

R. Líbio Vinhas, 129
Menino Deus
Bagé - RS,
96402-050

Clubes Brasileiros

BOTAFOGO

Botafogo Futebol e Regatas

Clubes Brasileiros

Av. Venceslau Brás, 72
Botafogo
Rio de Janeiro - RJ
22290-040
www.botafogo.com.br

A estrela presente o escudo e bandeira do Botafogo, era o símbolo máximo do antigo Club de Regatas Botafogo. Originalmente ela tinha um formato diferente: suas cinco pontas eram divididas em preto e branco, dando efeito de sombra. Mas foi substituída nos primeiros anos pela estrela de cinco pontas branca em um fundo preto, contida no atual emblema.

A Estrela Solitária representa a Estrela D'Alva e foi adotada porque os remadores do clube, que cedo madrugavam na enseada de Botafogo, frequentemente a viam o brilhando no céu. Com a fusão dos dois clubes, a estrela apontada para o Zênite também foi adotada como símbolo do futebol. O Botafogo de Futebol e Regatas assim foi apelidado de "clube da Estrela Solitária".

A bandeira do Botafogo de Futebol e Regatas é uma soma de muitos elementos e surgiu após a fusão do Botafogo Football Club com o Club de Regatas Botafogo. O clube de futebol possuía uma bandeira com faixas horizontais pretas e brancas, com o escudo do clube com o antigo monograma ao centro. Foi confeccionada e bordada pela primeira vez pelas irmãs do ex-presidente Edwin Elkin Hime Júnior: Ruth, Hilda, May, Leah e Miriam. Já a bandeira do clube de regatas era branca, com um quadrilátero preto no cantão, no canto superior esquerdo próximo ao mastro a tradicional Estrela Solitária em branco. Esses dois pavilhões históricos estão dispostos em Pavilhões do esporte Bretão – Bandeiras Antigas e Extintas.

Com a fusão, em 1942, permaneceram as faixas horizontais pretas e brancas do clube de futebol e e o quadrilátero preto, com a Estrela Solitária branca no canto superior esquerdo do clube de regatas, assim nasceu o pavilhão do Botafogo Futebol e Regatas, que permanece até hoje. O formato oficial da bandeira é de 1,28 metro de largura e 90 centímetros de altura. As listras horizontais têm 10 centímetros de largura cada. São cinco listras pretas e quatro brancas. O retângulo preto, que contém a Estrela Solitária, mede 56 x 40 cm e sempre estará localizado no canto superior próximo ao mastro.

Clubes Brasileiros

BANGU

Bungu Atlético Clube

Av. Cônego Vasconcelos, 549
Bangu
Rio de Janeiro - RJ
21810-010
www.bangu-ac.com.br

Clubes Brasileiros

BRASIL DE PELOTAS

Grêmio Esportivo Brasil

Rua João Pessoa, 694
Centro
Pelotas-RS
96010 470
www.gebrasil.com.br

CORINTHIANS
Sport Club Corinthians Paulista

Rua São Jorge, 777
São Paulo - SP
03087-000
www.corinthians.com.br

A bandeira do Corinthians tem o fundo em branco com o escudo do clube ao centro, assim como é descrita em seu estatuto social: Art.128 O pavilhão do CORINTHIANS e seu uniforme terão cores branca e preta. §1°. O pavilhão será branco e no centro conterá o atual distintivo ou escudo, tendo, por fundo um salva vidas, uma ancora e dois remos.

É um formato de insígnia bem comum e simples, mas que realça o peculiar distintivo do clube, que é rico em detalhes. Outro pavilhão que o clube também costuma usar, é um com o fundo preto, com distintivo do clube ao centro, como oque aparece na imagem ao lado, Hasteado na Federação Paulista de Futebol.

Hino do Corinthians
Oquestra e Côro Cid

Salve o Corinthians
O campeão dos campeões
Eternamente
Dentro dos nosso corações
Salve o Corinthians
De tradições e glórias mil
Tu és orgulho
Dos desportistas do Brasil

Teu passado é uma bandeira
Teu presente é uma lição
Figuras entre os primeiros do nosso esporte bretão
Corinthians Grande
Sempre Altaneiro
És do Brasil
O clube mais brasileiro

No hino do clube também aparece a menção ao esporte bretão, o clube foi fundado em 1910, inspirados por um time de Londres, Inglaterra, o Corinthian Football Club que excursionava no Brasil no inicio do século 20.

Clubes Brasileiros

CEARÁ

Ceará Sporting Club

Av João Pessoa 3532
Porangabuçu
Fortaleza-CE
60425-812
Cearasc.com

Clubes Brasileiros

CRUZEIRO
Cruzeiro Esporte Clube

Rua dos Guajajaras, 1722
Belo Horizonte-MG
30140-062
www.cruzeiro.com.br/

Clubes Brasileiros

CORITIBA

Coritiba Football Club

Rua Ubaldino do Amaral, 63
Alto da Glória
Curitiba – PR
80060-195
www.coritiba.com.br

Uma bandeira diferente e original, que nasceu da torcida através de um cântico. No Artigo 8º do Estatuto do Clube: "O pavilhão do Coritiba tem o seu emblema situado em destaque no ângulo superior esquerdo, de onde saem traços representando raios alternados nas cores verde e branca, ocupando o espaço todo".

A história da bandeira é muito bonita e representa o amor da torcida pelo clube, ela vem do início do século até os anos 20, quando os clubes tinham diversos cânticos, chamados pela sociedade na época, de "Grito de Guerra". Em um desses cânticos havia uma frase que dizia: "Coritiba, tu és o sol que ilumina meu caminho", entoados pelas torcidas, geralmente compostas por familiares dos jogadores e sócios do Clube.

Um grupo de esposas se reuniam para torcer juntas e buscavam formas de apoiar a instituição e seus maridos. Baseadas no significado da frase dessa cançao, elas confeccionaram a primeira bandeira, ainda com o antigo emblema representando um sol no canto esquerdo, de onde saem os raios que iluminam o caminho dos coxas-brancas. O pavilhão foi doado aos jogadores, como forma de carinho pelo time, tão logo a bandeira foi adotada pelo clube como símbolo oficial e se tornou uma imagem característica do Coritiba, que vale toda a tradição e grandeza.

O pavilhão do Coritiba é uma genuína do Clube, seja por sua origem ou representatividade. Durante a sua historia houve algumas mudanças no escudo do clube, mas a bandeira sempre manteve o seu desenho original, ostentando assim o mesmo significado através do tempo, "Coritiba, tu és o sol que ilumina o meu caminho". A primeiro bandeira com o antigo escudo do Coritiba está disposto em Pavilhões do Esporte Bretão – Bandeiras Antigas e Extintas.

Clubes Brasileiros

CRICIÚMA

Criciúma Esporte Clube

Rua Treze de Maio 46
Comerciario
Criciúma-SC
88802-290
www.criciumaec.com.br

Clubes Brasileiros

FARROUPILHA

Grêmio Atlético Farroupilha

Duque de Caxias 837
Fragata
Pelotas-RS
96030-970
www.gafarroupilha.com.br

FLUMINENSE

Fluminense Football Club

R. Álvaro Chaves, 41
Laranjeiras
Rio de Janeiro – RJ
22231-220
www.fluminense.com.br

Em seu estatuto no Artigo 146 - O pavilhão do Fluminense é constituído de duas partes iguais, encarnada a superior e verde a inferior, separadas por uma faixa branca e tendo no meio, traçados em branco, o escudo e o monograma do Clube.

O Fluminense nasceu branco e cinza, a mudança das cores aconteceu após a dificuldade de encontrar tecidos com essas cores na época. Quando em Londres, Oscar Cox e Mario Rocha enviaram uma carta recomendando a mudança das cores para o verde, branco e encarnado, que eram mais fáceis de serem encontradas, outro fator, era que as antigas cores não eram unanimidade entre os sócios do clube. A possibilidade da mudança foi colocada em votação na assembleia do dia 15 de julho de 1904 e por decisão unanime a troca foi aprovada.

Hino do Fluminense Football Club (Popular)
Letra: Lamartine Babo

Sou tricolor de coração
Sou do clube tantas vezes campeão
Fascina pela sua disciplina
O Fluminense me domina
Eu tenho amor ao tricolor!

Salve o querido pavilhão
Das três cores que traduzem tradição
A paz, a esperança e o vigor
Unido e forte pelo esporte
Eu sou é tricolor!

Vence o Fluminense
Com o verde da esperança
Pois quem espera sempre alcança
Clube que orgulha o Brasil
Retumbante de glórias
E vitórias mil!

Vence o Fluminense
Com o sangue do encarnado
Com amor e com vigor
Faz a torcida querida
Vibrar de emoção o tricampeão!

Vence o Fluminense
Usando a fidalguia

A Primeira Bandeira de 1903, ainda com as cores antigas.

Branco é paz e harmonia
Brilha com o sol
Da manhã
Qual luz de um refletor
Salve o Tricolor!

O Fluminense têm uma antiga tradição, nos dias de jogos os atletas entram em campo carregando o pavilhão do clube, essa tem sido uma cena presente e marcante na história do tricolor das Laranjeiras. Mas com a modernização e os burocráticos protocolos de entrada, essa tradição está ameaçada, hoje o futebol está se padronizando com o modelo Europeu, os clubes entram lado a lado, cumprindo os protocolos determinados pelas organizações dos eventos esportivos. Salve o querido pavilhão, das três cores que traduzem tradição.

FIGUEIRENSE

Figueirense Futebol Clube

Rua Humaitá, 194
Estreito
Florianópolis-SC
88070-730
Figueirense.com.br

FLAMENGO

Clube de Regatas do Flamengo

Av. Borges de Medeiros, 997
Lagoa
Rio de Janeiro-RJ
22430-041
www.flamengo.com.br

Clubes Brasileiros

FORTALEZA

Fortaleza Esporte Clube

Av. Sen. Fernandes Távora, 200
Bairro Pici
Fortaleza-CE
60440-250
Fortaleza1918.com.br

GOIÁS

Goiás Esporte Clube

Av. Ipanema, 37
Jardim Atlântico
Goiânia-GO
74343-010
www.goiasec.com.br

GRÊMIO

Grêmio Foot Ball Porto Alegrense

Av. Padre Leopoldo Brentano, 110/2100
Bairro Humaitá
Porto Alegre-RS
90251-903
www.gremio.net

O primeiro emblema de 1903 era bem simples, era apenas um circulo azul e no seu interior os caracteres G. *Football* e *P.A.* também em azul sobre o fundo branco, que teve curta duração, o escudo nos padrões atuais aparece na primeira bandeira do clube. Ela surgiu no dia 14 de agosto de 1904 e foi utilizada na passeata de inauguração do Estádio da Baixada, o pavilhão consistia em listras horizontais nas cores azul, preto e branco com o escudo estilizado do clube no canto superior esquerdo, sendo esta a oficial até 1918. O distintivo do Grêmio que surgiu na primeira bandeira de 1904 faz alusão a uma bola de futebol, com suas linhas de costura conforme eram fabricadas no final do século 19, logo no começo do esporte bretão.

A segunda surgiu em 1916, para solenizar a vitória sobre o scratch uruguaio, o clube hasteava ao lado de sua bandeira oficial um pavilhão em caráter comemorativo, doado por uma torcedora, semelhante ao lábaro nacional, sendo o retângulo azul com um losango branco e n no seu interior o escudo do clube. Em 1918, essa insígnia solene substituiu definitivamente a bandeira do Grêmio, sendo usada oficialmente até 1944.

No dia 28 de maio de 1944 o Grêmio hasteava no Fortim da Baixada sua terceira bandeira. A mudança foi em obediência à lei federal que vetava utilização de símbolos nacionais. O pavilhão era composto por um retângulo azul tendo a esquerda o escudo do clube, de onde partiam em sentido diagonal em direção aos cantos, listras brancas e em sentido horizontal e vertical, listras pretas.

Em 1963 surge a quarta e atual bandeira gremista, com muitas mudanças, agora com o escudo no centro do pavilhão, e a forma da bandeira semelhante a da Grã-Bretanha, mas com as cores do clube, outra mudança no escudo do clube, que agora levava o ano de fundação e a palavra Grêmio. O novo distintivo foi aprovado por unanimidade em 3 de junho de 1963. Em 1970 foi adicionado no lado esquerdo acima do escudo, uma estrela dourada, em homenagem ao jogador Everaldo, o primeiro jogador de um clube gaúcho a ser Campeão Mundial com a Seleção Brasileira, em 1970.

INTERNACIONAL

Sport Club Internacional

Av. Padre Cacique, 891
Menino Deus
Porto Alegre-RS
90810-240

O Internacional sempre manteve a originalidade do seu pavilhão, apenas com algumas mudanças na evolução do seu escudo. Porem recentemente houve a descoberta de uma foto de 1910, logo após a fundação do clube, onde uma das primeiras formações do time colorado está posado a frente desse pavilhão totalmente diferente, o que pode ser um registro de uma cerimônia de hasteamento. Segundo a fonte, a fotografia foi encontrada no arquivo particular da família Poppe, os fundadores do Internacional.

O desenho dessa bandeira histórica do colorado encontra-se em Pavilhões do Esporte Bretão – Históricas e Extintas, assim como a sua referência. A bandeira consiste em três faixas horizontais, sendo duas brancas e a do centro vermelha, tendo no cantão um circulo cortado na horizontal, sendo a metade vermelha para cima, sobre a faixa branca e a metade branca para baixo sobre a faixa vermelha.

A Ilustração mostra o Estádio Beira-Rio, palco da Copa do Mundo de 2014, onde o clube contempla uma bandeira de cento e dez metros quadrados, em um mastro de cinquenta e cinco metros de altura. Ao fundo se avista o Gigante contemplar o por do sol no rio Guaíba, formando um dos mais belos cartões postais da capital gaúcha. Em 2006, o torcedor colorado viu orgulhosamente o capitão Fernandão empunhando a bandeira do Inter para fora da janela do avião, que trazia o time Campeão Mundial de Clubes da Fifa, após vencer o Barcelona por 1 a 0, em Yokohama no Japão.

Segundo o seu Estatuto, no Artigo 3.1; a bandeira é de formato retangular, sendo o seu comprimento uma vez e meia a altura; talhada em dois triângulos retângulos, nas cores do Clube, ficando o ângulo reto do triângulo vermelho no cantão, em oposição ao triângulo branco; no cantão, o Distintivo; abaixo do Distintivo, o ano da fundação, em algarismos arábicos, na cor branca. Os dois triângulos dispostos na bandeira do Inter dividem de forma igual as duas cores do clube, o vermelho e branco. Assim de forma simbólica representa a ideologia original do clube, de que todos são iguais independente de cor, raça ou religião.

Clubes Brasileiros

GUARANY DE BAGÉ

Rua Gaspar Silveira Martins, 70
Bagé-RS
96415-070

Guarany Futebol Clube

Clubes Brasileiros

INTER DE LAGES

Esporte Clube Internacional

R. Jairo Luiz Ramos, 2
Sagrado Coração de Jesus
Lages – SC
88508-380
www.interdelages.com.br

Clubes Brasileiros

JUVENTUDE

Esporte Clube Juventude

Rua Hércules Galló, 1547
Bairro Centro
Caxias do Sul - RS
95020-330
www.juventude.com.br

Clubes Brasileiros

LONDRINA

Londrina Esporte Clube

Av. Jorge Casoni, 1900
Centro
Londrina - PR
86026-720
www.londrinaesporteclube.com.br

NÁUTICO
Clube Náutico Capibaribe

Av. Rosa e Silva, 1086
Aflitos
Recife - PE
52020-220
www.nautico-pe.com.br

Clubes Brasileiros

PALMEIRAS

Sociedade Esportiva Palmeiras

R. Palestra Itália, 214
Perdizes
São Paulo - SP
05005-030
www.palmeiras.com.br

PARANÁ

Paraná Clube

Clubes Brasileiros

Av. Presidente Kennedy 2377
Curitiba - PR
80610-010
www.paranaclube.com.br

O Paraná têm um dos pavilhões mais peculiares do futebol brasileiro, assim descrito em seu estatuto social no Artigo 122 - A bandeira Tricolor tem formato retangular, dividida em duas partes iguais na vertical. O lado esquerdo é preenchido pela cor vermelha, e contém a marca "Paraná Clube Brasil". A outra metade é azul e leva o escudo paranista.

Presente no escudo e bandeira oficiais do Paraná Clube, o logotipo segue alguns padrões técnicos. Sobre fundo vermelho, as palavras "Paraná" e "Brasil" devem ser escritas na cor azul e a palavra "Clube" na cor banca. A palavra "Paraná" utiliza a tipografia exclusiva do Paraná Clube "J.Otto". A palavra "Clube" em estilo manuscrito. Por fim, "Brasil" é escrito em caixa alta com o tipo Avant Gard Bold.

A escolha do nome Paraná quase resultou em uma bandeira verde e branca com as cores do Estado, que foi sugerida inicialmente, mas logo foi descartada, pela semelhança com as cores do Coritiba Football Club, um dos seus rivais. O Tricolor da Vila Capanema, foi resultado da fusão entre o Colorado Esporte Clube vermelho e branco, com o Esporte Clube Pinheiros azul e branco, assim herdando suas cores.

Outros símbolos do Paraná, são o Pinheiro do Paraná (Araucária) e a gralha azul (ave símbolo do Estado), o principal animal disseminador da araucária. Ambos presentes no escudo do clube.

HINO DO PARANÁ CLUBE
Autores: João Arnaldo e Sebastião Lima

Paraná já nasceste gigante,
és o fruto de luta e união.
Tens a força, o arrojo, a imponência
e o poder da realização.
Nas três cores do teu estandarte,
tão altiva está a gralha azul
que plantou neste solo tão fértil
esta grande potência do sul.
Refrão
Meu Paraná... meu tricolor,
teu pavilhão simboliza,
em cores tão vivas,
a garra e o amor.
Meu Paraná... meu tricolor,
eu sou a camisa doze
que tanto te ama,
sou teu torcedor.

Clubes Brasileiros

PAYSANDU
Paysandu Sport Club

Av. Nª Sra. de Nazaré, 404
Nazaré
Belém - PA
66060-170
www.paysandu.com.br

Clubes Brasileiros

PELOTAS
Esporte Clube Pelotas

Parque D. Antônio Zatera, 300
Centro
Pelotas-RS
96015-180
ecpelotas.com.br

Clubes Brasileiros

PONTE PRETA

Associação Atlética Ponte Preta

Pça. Dr. Francisco Ursaia, 1900
Jardim Proença
Campinas-SP
13026-350
pontepreta.com.br/

REMO

Clube do Remo

Av. Nª Sra. de Nazaré, 962
Nazaré, Belém - PA
66040-141
www.clubedoremo.com.br

RIO GRANDE

Sport Club Rio Grande

Av. Itália, nº 1815
Rio Grande-RS
96203-000
www.scriogrande.com

O pavilhão do clube é hasteado na avenida Itália, na entrada do estádio Arthur Lawson em Rio Grande. As mesmas cores da bandeira rio-grandense foram escolhidas na Assembleia Geral, em 12 de Julho de 1901. O Sport Club Rio Grande é o pioneiro do esporte bretão no Rio Grande do Sul, fundado no dia 19 de julho de 1900, vinte e três dias andes da fundação da Ponte Preta em Campinas, sendo o clube de futebol em atividade mais antigo do Brasil. O que motivou a antiga Confederação Brasileira de Desportos em 1975, escolher esse o Dia Nacional do Futebol.

O clube foi um grande inspirador para a fundação de muitos clubes tradicionais gaúchos. Em 1903, o Rio Grande estava pela primeira vez na capital do Estado e no dia 7 de setembro em um campo improvisado na Várzea da Redenção, fez uma exibição entre seus times A e B e o jogo terminou empatado sem gols. A partida inspirou a fundação dos primeiros clubes de Porto Alegre, o Grêmio Foot-Ball Porto Alegrense e o extinto Fussball Club Porto Alegre, ambos fundados no dia 15 de setembro de 1903. Em 1906 foi à Pelotas enfrentar o S C Internacional, nesse mesmo ano foi à Bagé, onde empatou em 0 x 0 com o Sport Club Bagé, fundado no dia da partida, em 15 de novembro de 1906, o S.C. Bagé teve vida curta, mas foi o motivador pela fundação do G.E. Bagé. Ainda em 1906, o clube retorna à capital para enfrentar as equipes fundadas na primeira visita, no primeiro jogo venceu o Grêmio por 3 a 1, na segunda partida empatou em 3 a 3 com o Fussball.

Nos versos do hino do S C Rio Grande, o compositor e poeta Walter Robinson menciona os termos pavilhão e esporte bretão, comuns na época da fundação do clube.

Letra de: Walter ROBINSON
...
Glorioso é o teu pavilhão,
com seu verde, encarnado e amarelo,
sendo um símbolo de tradição,
entre os outros tremula mais belo!

Veterano do esporte bretão
tens o palma de ser pioneiro,
e nas cores do teu pavilhão,
vive na alma do povo "Pampeiro"

SANTOS

Santos Futebol Clube

Rua Princesa Isabel s/nº
Santos-SP
11075-500
www.santosfc.com.br

Se o Penãrol tem a maior bandeira de arquibancada, o Santos FC têm a maior bandeira oficial de um clube de futebol do mundo. Ela foi apresentada no dia 28 de janeiro de 2017, em jogo amistoso no estádio Pacaembu, onde o Santos venceu o Kenitra do Marrocos por 5 a 1. O bandeirão começou a ser confeccionado no dia 12 de janeiro e foi finalizado no dia 27, um dia antes do amistoso com o time de Marrocos. O responsável foi o artista plástico Roberto Santos, a bandeira tem em suas dimensões 100 metros de comprimento por 71 metros de largura e o peso de 750, foram utilizados 550 quilos de tecido e quase 11 quilômetros de linhas de costura.

A história do pavilhão do Santos é resumida em dois significados "O branco da paz e o preto da nobreza". Essa frase foi a base para a criação das primeiras bandeiras do Santos. Em Assembléia Geral realizada no dia 31 de março de 1913, na sede social da Sociedade União dos Empregados no Comércio, foi criada a primeira bandeira da história do Santos, também sendo definido o branco e o preto como as cores oficiais do clube, assim sugerido por Paulo Peluccio.

Por sugestão de Raymundo Marques, a primeira bandeira tinha uma faixa diagonal da esquerda para a direita com as inicias do clube, em letras brancas. Anos mais tarde, foi criada uma bandeira triangular, no formato de uma flâmula, que tinha um fundo branco com duas faixas pretas, sendo uma cortando na horizontal ao centro e a outra na vertical no primeiro terço, com o escudo no interior de um circulo preto com o fundo branco, no local de cruzamento das duas faixas. Outras bandeiras foram criadas seguindo o mesmo padrão e modelo. Atualmente, o pavilhão oficial segue o mesmo modelo citado acima.

Clubes Brasileiros

SANTA CRUZ

Av. Berberide, 1285
Recife-PE
52120-000
www.coralnet.com.br

Santa Cruz Futebol Clube

Clubes Brasileiros

SÃO PAULO - RG

Av. Pres. Vargas, 518
Parque
Rio Grande - RS
96202-336
www.saopaulors.com.br

Sport Club São Paulo

Clubes Brasileiros

SÂO PAULO

São Paulo Futebol Clube

Praça Roberto Gomes Pedrosa, 1
Bairro Morumbi
São Paulo – SP 05653-070
www.saopaulofc.net

O São Paulo FC está no grupo seleto em que o seu pavilhão representa a sua camisa principal. Assim como define o estatuto social do clube no Artigo 158, a bandeira do São Paulo F.C. é de cor branca, tendo três faixas horizontais, vermelha, branca e preta, nessa ordem, e no centro da mesma o Escudo, a largura das faixas vermelha e preta terão o dobro da faixa branca, obedecendo a mesma proporção referida no uniforme numero 1.

A bandeira do Tricolor paulista sempre manteve a originalidade desde a sua fundação, as primeiras modificações ocorreram a partir de 1952 devido a inclusão das estrelas acima do distintivo. As três estrelas vermelhas representam os títulos dos Intercontinentais de Clubes de 1992 e 1993 e do Mundial de Clubes da FIFA de 2005, as duas douradas para os recordes mundiais do Salto Triplo de Adhemar Ferreira da Silva, atleta do clube, a primeira foi conquistada nas Olimpíadas de Helsinque em 1952(sendo essa a primeira estrela até então estampada no pavilhão), e a segunda nos Jogos Pan Americanos do México em 1955.

Mas há registros de exemplares, onde as estrelas eram dispostas no cantão da bandeira, como comprova um pavilhão hasteado na Inauguração do Estádio do Morumbi, em 2 de outubro de 1960, onde as duas estrelas douradas de Adhemar Ferreiras da Silva estavam situadas na parte superior do quadrilátero próximo ao mastro. As cores foram herdadas dos seus precursores, a Associação Atlética das Palmeiras, preta e branca e o vermelho do C A Paulistano.

A evolução e as variações do pavilhão do São Paulo Futebol Clube, são encontradas em Pavilhões do Esporte Bretão – Bandeiras Históricas e Extintas.

Clubes Brasileiros

SPORT

Sport Club do Recife

Av. Sport Club do Recife, 159
Ilha do Retiro
Recife-PE
50720-635
www.sportrecife.com.br

Clubes Brasileiros

TUNA LUSO

Tuna Luso Brasileira

Av. Alm. Barroso, 4110
Souza
Belém - PA
66613-710
www.tunalusobrasileira.com.br

VASCO

Clube de Regatas Vasco da Gama

Rua Gen. Almério de Moura, 131
Bairro Vasco da Gama
Rio de Janeiro – RJ
20921-060
www.vasco.com.br

A bandeira "cruzmaltina" conta uma rica história, o fundo preto representa os mares desconhecidos nunca antes navegados do Oriente, assim como as tormentas, os abismos do fim do mundo conhecido, e as mortes que ficaram pelo caminho, já a faixa na cor branca representa a rota descoberta por Vasco da Gama, o vitorioso navegador português. E por fim a cruz de Malta vermelha que representa o povo português, a sua Fé e a própria providência.

No Artigo 7 do seu Estatuto assim descrito: O pavilhão do clube é preto, com uma faixa branca em diagonal partindo do canto superior do lado da tralha, a Cruz de Malta em vermelho no centro e na parte superior no canto direito as oito estrelas douradas, dispostas em duas fileiras horizontais de quatro estrelas cada. As estrelas representam as conquistas do Campeonato Invicto de Terra-e-Mar de 1945, os Campeonatos Brasileiros de 1974, 1989, 1997 e 2000), os Campeonatos Sul-Americanos de 1948 e 1998 e a Copa Mercosul de 2000. As cores da bandeira e a Cruz de Malta serão reproduzidas nos uniformes, emblemas e insígnias usadas pelo clube.

Também há registros de uma bandeira antiga utilizada pelo clube, com o mesmo padrão da atual, em fundo preto e com a faixa diagonal em branco, mas com alguns elementos a mais. Além da Cruz vermelha no centro, aparecem a boia, o remo, o arpão e a âncora. Ao redor desses ´símbolos está escrito o nome do clube em círculo. Ficando o Club de Regatas na parte superior e Vasco da Gama na parte inferior.

SEGUNDO HINO DO VASCO
Música de Ernani Corrêa e Letra de João de Freitas
MEU PAVILHÃO
Vasco da Gama evocas a grandeza
Daqui e d'além mar
Teu pavilhão refulge de beleza
Perene a tremular!
Dos braços rijos de teus filhos,
O mar sagrou-te na história!
Reflete pelos céus em forte brilho
O cetro que ostentas da vitória!
Na cancha és o pioneiro!
És o mais forte entre os mil!
Com a fama que ecoa no estrangeiro
Elevas o esporte do Brasil!

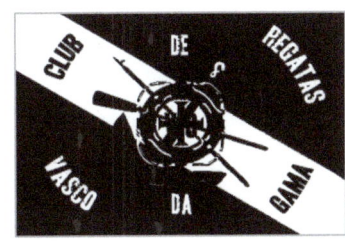

Clubes Brasileiros

VITÓRIA

R. Artêmio C. Valente, 01
Bairro N. Sra. da Vitória
Salvador-BA
41260-300
www.ecvitoria.com.br

Esporte Clube Vitória

Clubes Brasileiros

YPIRANGA
Ypiranga Clube

Av. Desidério Antônio Coelho, 271
Trem
Macapá-AP
68901-080
www.ypirangaclube.com.br

Os pavilhões hasteados no Estádio Estádio Milton de Souza Corrêa, o "Zerão", localizado em cima da linha do Equador, onde o campo se divide exatamente em hemisfério norte e hemisfério sul, o local é utilizado pelos principais clubes de Macapá. A bandeira mais acima, em segundo plano, é a da Federação Amapaense de Futebol e a mais ao fundo a do Trem Desportivo Clube, time do mesmo bairro do Ypiranga Clube.

Clubes Estrangeiros

Do Velho ao Novo Mundo, o futebol se originou, migrou, conquistou e se reinventou.

Algumas semelhanças entre as bandeiras de agremiações são características próprias de uma determinada região, é o que acontece com os clubes do Uruguai, Japão, Argentina, Ilhas Faroe e Hungria. Uma espécie de tendência local acontece em suas respectivas áreas, eles tendem a adotar algumas semelhanças nas disposições e confecções de seus pavilhões e de certa forma cada região adota a sua característica própria.

Entre os clubes uruguaios a recorrência mais comum é a baixa utilização dos escudos institucionais nas bandeiras. De forma geral, os elementos simbólicos do escudo são transferidos para o campo do pavilhão, formando uma insígnia própria alusiva à instituição. Como a bandeira do Defensor SC, seu estandarte é de fundo lilás, com os círculos vermelho e azul entrelaçados, com as iniciais DSC entre eles, elementos originários do escudo e com o acréscimo dos corners brancos nos cantos do pavilhão. Já o Peñarol transforma o seu escudo em um pavilhão especifico, disposto em cinco listras pretas e quatro amarelas com um quadrado preto no cantão, onde estão dispostas as onze estrelas amarelas, representando os onze jogadores que entram em campo. Esse mesmo modelo é usado pelo CA Progreso, disposto em quatro listras vermelhas e três amarelas, com um quadrado de fundo branco no cantão, onde estão as iniciais CAP escritas em vermelho.

Ainda nas terras orientais do Rio da Prata encontramos outros exemplos semelhantes, como o pavilhão do C Nacional de F, que possui o seu escudo triangular, semelhante a um coração, mas com aparte superior invertida, ficando a ponta para cima, esse emblema é de fundo azul, cortado por uma faixa diagonal branca na ascendente da esquerda para a direita, e sobre ela as iniciais do clube C.N. de F. em vermelha.

Na qual também esse elementos simbólicos são transferidos para o pano do pavilhão, e o escudo passa assim para o formato retangular. O C Deportivo Maldonado apresenta uma bandeira nos padrões uruguaios, o sol branco presente em seu escudo está disposto no cantão e dele saem raios verdes e vermelhos, no centro sobre esses raios consta o nome do clube escrito em branco, assim descrito: Clube na parte superior, Deportivo no meio e Maldonado na parte inferior.

Outra característica bem marcante presente em algumas bandeira de clubes uruguaios e de certa forma quase que uma exclusividade dessa região, é a presença dos corners. Na verdade são quartos de círculos presentes nos cantos e geralmente com uma cor secundária, contrastando com a cor principal contida no fundo do pavilhão. Já no outro lado do Rio da Prata, o CA San Lorenzo de Almagro possui uma bandeira sem escudo, e disposta com as onze listras do seu emblema, cinco azuis e quatro vermelhas, sendo adicionada nove estrelas vermelhas no cantão de fundo azul, estas representando os nove sócios fundadores do clube, que não estão no distintivo.

Um exemplo de instituição que extrai os elementos do interior do seu escudo, é os Belenenses de Lisboa, o seu estandarte de fundo branco, com a cruz de Santo André em azul, a cruz de Cristo em vermelha no centro e as iniciais CFB dispostas entre os espaços da cruz de santo André, no espaço da tralha, o mais próximo ao mastro está a letra C, no espaço acima da Cruz de Cristo a inicial F e no espaço do voar a letra B, todas na cor azul, ficando o espaço inferior vazio, esses

No Japão, o tradicional é ser arrojado nos desenhos e disposições dos pavilhões, de forma geral, as entidades de futebol não se preocupam com as normas e recomendações estabelecidas pela vexilologia convencional, onde se determina que os desenhos e símbolos a serem empregados nas bandeiras, sejam simples e de forma prática de serem repetidos.Nas ilhas nipônicas as agremiações ousaram na construção de suas insígnias, elas apresentam desenhos alusivos aos símbolos institucionais, ou até mesmo de alguns caracteres da região onde se encontra o clube.

O pavilhão do Shonan Bellmare é um exemplo, onde a bandeira é dividida na diagonal ascendente, da esquerda para a direita, tendo um triangulo retângulo à esquerda em azul com o escudo no cantão, e outro triangulo retângulo em verde a direita com a marca do clube na parte inferior, esses dois triângulos são unidos por suas hipotenusas em degrade, onde as ondas verdes e azuis se misturam ao longo dessa união, formando a transição que representa as ondas da Baía de Sagami, que banham a cidade de Hiratsuka.

Nas ilhas britânicas os clubes adotam um pano com o fundo na cor principal e sobre ele ao centro, apresentam o escudo. Em outros exemplos, as bandeiras podem ser apresentadas bipartidas na horizontal ou vertical, mas sempre com a apresentação do escudo ao centro. Mas eventualmente podem aparecer alguns estandartes fora destas especificações.

Na Argentina também existe uma característica regional, onde muitos pavilhões são dispostos em três faixas, ou franjas como são chamadas por lá, essas faixas representam apenas as cores do clube e muitas não registram os escudos das instituições. O CA River Plate segue esse padrão de não apresentar o seu escudo, mas dispõe na sua bandeira a faixa diagonal vermelha característica do clube, sobre o retângulo de fundo branco, sendo adicionado as iniciais em preto, as letras C.A. no cantão e as letras R.P. no canto inferior direito.

Na Hungria as bandeiras são hasteadas na posição vertical, não é basicamente uma regra, mas muitas agremiações dispõe suas insígnias nessa posição. E nas Ilhas Faroe muitos pavilhões são apresentados no formato triangular, isso acontece eventualmente em outras regiões, mas nesse caso é uma incidência acentuada nessas ilhas.

Nas disposições gerais são encontrados muitos formatos e dimensões entre as bandeiras das agremiações de futebol, como os pavilhões do FC Basel e FC Subingen, ambos da Suíça, o modelo farpado do Viking FK da Noruega e as insígnias triangulares do Leixões SC de Portugal, dos muitos clubes das Ilhas Faroe, entre outros, incluindo o pavilhão da AFA (Asociación del Fútbol Argentino) a única entre as federações que dispõe o seu estandarte nesse formato.

O Boavista FC de Portugal tem seu pavilhão de formato retangular, disposto em xadrez com as suas cores, preta e branca, tendo o escudo no cantão de fundo branco. A bandeira do Asane Fotball da Noruega segue o mesmo modelo axadrezada nas cores laranja e preta, com o escudo do clube no cantão. Outro time de Portugal que possui seu pavilhão xadrez, é o Moreirense FC, mas com o escudo disposto no centro da bandeira, com fundo em quadrados verdes e brancos.

Clubes Estrangeiros

ABERDEEN

Pittodrie Stadium, Pittodrie St
Aberdeen AB24 5QH
U.K.
www.afc.co.uk

Aberdeen Football Club

Clubes Estrangeiros

AEK

Olympou & Patmou
Maroussi, 15123
Greece
www.aekfc.gr

Athlitiki Enosis Konstantinoupoleos

Clubes Estrangeiros

AJAX

ArenA Boulevard 29
1101 AX
Amsterdam
Netherlands
www.ajax.nl

Amsterdamsche Football Club Ajax

Clubes Estrangeiros

AL AHLY

Gezira Island
11519 Kairo
Egypt
www.alahlyegypt.com

Al Ahly Sporting Club

Clubes Estrangeiros

ALBIREX NIIGATA

Albirex Niigata Football Club

2-1-10, Misaki-cho,
Chuo-ku
950-0954. Niigata
Japan
www.albirex.co.jp/

Em segundo plano a bandeira da Japan Football Association, hasteada no mesmo mastro e abaixo a insígnia do Fair Play em amarelo e mais ao fundo o pavilhão do Tokyo Verdy 1969 Football Club. De modo geral os pavilhões dos clubes japoneses são compostos por desenhos não muito comuns propostos pela vexillogia tradicional, o que torna uma peculiaridade coletiva das entidades desse país, mas essas agremiações também tem a tradição de manter seus símbolos originais, portanto não é comun ou de costume modificar as suas bandeiras.

Clubes Estrangeiros

ALIANZA

Av. Isabel la Católica 821
15033 Lima
Perú
www.clubalianzalima.com

Club Alianza Lima

Clubes Estrangeiros

ARSENAL

Highbury House, 75 Drayton Park
N5 1BU London
England
www.arsenal.com

Arsenal Football Club

Clubes Estrangeiros

ASANE
Åsane Fotball

Åsane Senter 58
5116 Ulset
Noruega
www.asanefotball.no

Clubes Estrangeiros

ASTON VILLA

Villa Park
B6 6HE Birmingham
England
www.avfc.co.uk

Aston Villa Football Club

Clubes Estrangeiros

ATHLETIC BILBAO

Athletic Club Bilbao

Alameda de Mazarredo 23
48009 Bilbao-Bilbo (Bizkaia)
España
www.athletic-club.eus

Clubes Estrangeiros

ATLETICO DE MADRID

Club Atlético de Madrid S.A.D.

Av. Luis Aragonés, 4
Wanda Metropolitano
28022 Madrid
España
www.atleticodemadrid.com

Clubes Estrangeiros

AUCKLAND CITY

47A Kiwitea Street
Sandringham
Auckland 1041
www.aucklandcityfc.com

Auckland City Football Club

Clubes Estrangeiros

BARCELONA

Fútbol Club de Barcelona

Arístides Maillol s/n
08028 Barcelona
España
www.fcbarcelona.com

Clubes Estrangeiros

BASEL

Birsstrasse 320 A PO Box 4002
Basel
Switzerland
www.fcb.ch

Fußball Club Basel 1893

Clubes Estrangeiros

BAYERN MÜNCHEN

Fußball-Club Bayern München

Säbener Straße 51-57
D-81547 München
Deutschland
www.fcbayern.com

Clubes Estrangeiros

Clubes Estrangeiros

BELENENSES

Clube de Futebol Os Beleneses

Estadio do Restelo
1449-015 Lisboa
PORTUGAL
www.fosbelenenses.com

A imagem mostra o pavilhão dos Belenenses hasteado ao sul do Estádio do Restelo em Lisboa, o estádio tem o mesmo nome do bairro onde esta situado, esse que é um tradicional clube da capital portuguesa. Ao fundo se avista a Ponte 25 de Abril sobre o Rio Tejo, e mais ao fundo o Santuário Nacional de Cristo Rei.

O nome do clube foi herdado do território que pertencia à antiga e extinta freguesia de Santa Maria de Belém, que estava ligada aos Descobrimentos, quando D. Manuel I subiu ao trono em 1495. Aliás a um quilometro dali se encontra a Torre de Belém, e o Padrão dos Descobrimentos nas margens do Rio Tejo, monumento que homenageia os desbravadores portugueses e as suas naus que partiram dali, rumo aos mares desconhecidos do Novo mundo.

O emblema do Belenenses pouco se alterou do original, apenas com pequenas mudanças nos padrões das cores e no escudo. A bandeira atual é constituída por um quadrilátero branco e duas faixas azuis diagonais cruzadas em X (como a Cruz de Santo André), tendo ao centro a Cruz de Cristo em vermelho e as iniciais do clube CFB em azul postas em três dos quatro espaços brancos, ficando o espaço inferior vazio

Em seu estatuto no Artigo 10º dos Símbolos está descrito: Todos os símbolos do C.F.B. e os equipamentos dos atletas têm como elementos predominantes a cor azul e a Cruz de Cristo:

> a) o EMBLEMA tem o formato de um escudo, com fundo branco, duas faixas azuis em diagonal e a Cruz de Cristo, a vermelho, sobreposta, com as letras C.F.B.;
> b) a BANDEIRA é branca com duas faixas azuis em diagonal, a Cruz de Cristo a vermelho e ao centro e as letras em preto;

Clubes Estrangeiros

BELLMARE

Shonan Bellmare

18-8-E3F Nakado
Hiratsuka City
Kanagawa 254-0026
Japan
www.bellmare.co.jp

Clubes Estrangeiros

BESIKTAS
Beşiktaş Jimnastik Kulübü

Vişnezade Mh. Kadırgalar Cd. No:1
34357 Beşiktaş / İstanbul
Turkey
www.bjk.com.tr

BENFICA
Sport Lisboa e Benfica

Clubes Estrangeiros

Av. Gen. Norton de Matos 1500
1501-805 Lisboa
Portugal
www.slbenfica.pt

O pavilhão vermelho dos benfiquistas está hasteado entre a estátua de Eusébio e o Estádio da Luz e faz jus ao apelido do clube dos encarnados. Desde a sua fundação ficou definido que o clube teria como símbolos fundamentais as cores vermelho e branco, uma águia sobre o lema, "E Pluribus Unum", que em latim significa *"De muitos, um"* significando a união entre todos os seus associados.

O seu emblema teve origem em 1908, se constitui numa série de símbolos com o resultado da sobreposição dos antigos emblemas dos clubes que o fundaram. Composto por um escudo bipartido em vermelho e branco, com uma bola ao centro, sobre este uma divisa na diagonal com as iniciais do clube e acima uma águia sobre uma faixa com o lema, este emblema foi herdado do Sport Lisboa, que teve o acréscimo de uma roda de bicicleta, que foi retirada do emblema do Grupo Sport Benfica e representa o ciclismo como uma das modalidades do clube.

Dos símbolos: águia simboliza independência, autoridade e nobreza, e atualmente Antes de cada partida em casa, uma águia-de-cabeça-branca, chamada Vitória, sobrevoa em torno do Estádio da Luz várias vezes, até pousar em cima do escudo colocado no gramado, completando o emblema e criando uma versão real do símbolo do clube. A faixa com o lema do clube está disposta em verde e vermelho, que hoje são as cores da República, mas no escudo do antigo Sport Lisboa ela era disposta nas cores da monarquia, azul e branco e continha o mesmo lema atual. "E Pluribus Unum". O escudo bipartido traz o vermelho da bravura e branco da paz, com a bola do esporte bretão ao centro, sendo cortada por uma divisa azul na diagonal com as iniciais S.L.B. de "Sport Lisboa e Benfica" em dourado.

Clubes Estrangeiros

BOAVISTA

Clubes Estrangeiros

Boavista Futebol Clube

Estádio do Bessa Século XXI
Rua O Primeiro de Janeiro
4100-365 Porto, Portugal
www.boavistafc.pt

O Pavilhão xadrez do Boavista hasteado na frente do Estádio do Bessa na cidade do Porto, é um dos mais bonitos e originais do futebol português. Por constituir uma identidade própria, ele é tão característico que também está representado no uniforme do time. Em seus estatutos o clube descreve suas insígnias.

Art.º 5º SÍMBOLO
1. O Boavista Futebol Clube adota para seu símbolo um escudo, retangular, cujo campo é formado por treze pequenos quadrados pretos e doze brancos, dispostos em xadrez, encimado por uma faixa, também de cor preta, com as iniciais B.F.C., em branco, e uma coroa dourada, igual à que era usada no antigo brasão da cidade, ladeado por dois ramos de palma e circunscrito na parte inferior por uma faixa amarela com o número 1903. 2. O escudo significa a muralha contra a qual se quebram o ímpeto e a valentia dos adversários, a coroa o compromisso de bem honrar esta "Antiga, mui nobre, sempre leal e invicta cidade do Porto" e o número 1903, o ano em que o Clube foi fundado.

Art.º 7º BANDEIRA
A bandeira, retangular, é de tecido de seda, lã ou algodão, em xadrez preto e branco, levando no ângulo superior esquerdo, ao centro de um quadrado branco, o símbolo do Clube.

A origem da camiseta xadrez foi motivada por algumas mudanças no decorrer dos anos, o primeiro uniforme usado em 1 de Agosto de 1903, era uma camisa preta e calção preto, quando o clube ainda era chamado de Boavista Footballers, em 1910 mudou para Boavista Futebol Clube. Já em 1920 apareceu um calção branco, permanecendo a camiseta preta, que logo após passou a ser listrada em branco e preta. Em 1928, surgiu uma camiseta com listras verticais vermelhas, brancas e azuis, um calção preto e meias listradas horizontais brancas e pretas, essa foi a mudança mais rebatida e gerou muitas piadas da crônica.

A mudança definitiva aconteceu quando Artur Oliveira Valença viajou à França e lá observou uma equipe francesa que jogava com uma camisa xadrez, com as mesmas cores preto e branco do seu clube, resolveu copiar o modelo. O Começo da historia dos quadradinhos pretos e brancos do Boavista surgiu no domingo do dia 29 de Janeiro de 1933, quando o Boavista venceu o Benfica por 4 a 0, na estreia do uniforme axadrezado e do novo emblema.

BOCA JUNIORS

Club Atlético Boca Juniors

Brandsen 805
C1161AAQ Buenos Aires
Argentina
www.bocajuniors.com.ar

Clubes Estrangeiros

BK FLAGG

Dalhemsgatan 13
21224 Malmö
Sweden
www.bkflagg.se

Bollklubben Flagg

Clubes Estrangeiros

BOLOGNA

Via Casteldebole 10
40132 Bologna
Italia
www.bolognafc.it

Bologna Football Club 1909 S.p.A.

Clubes Estrangeiros

BORDEAUX
Football Club des Girondins de Bordeaux

Rue Joliot Curie
33180 Le Haillan
France
girondins.com

Clubes Estrangeiros

BORUSSIA - Gladbach

Hennes-Weisweiler-Allee 1
41179 Mönchengladbach
Deutschland
www.borussia.de

Borussia Verein für Leibesübungen 1900 Mönchengladbach e. V.

BRONDBY

Brøndby Idrætsforening

Brøndby Stadion 30
2605 Brøndby
Denmark
www.brondby.com

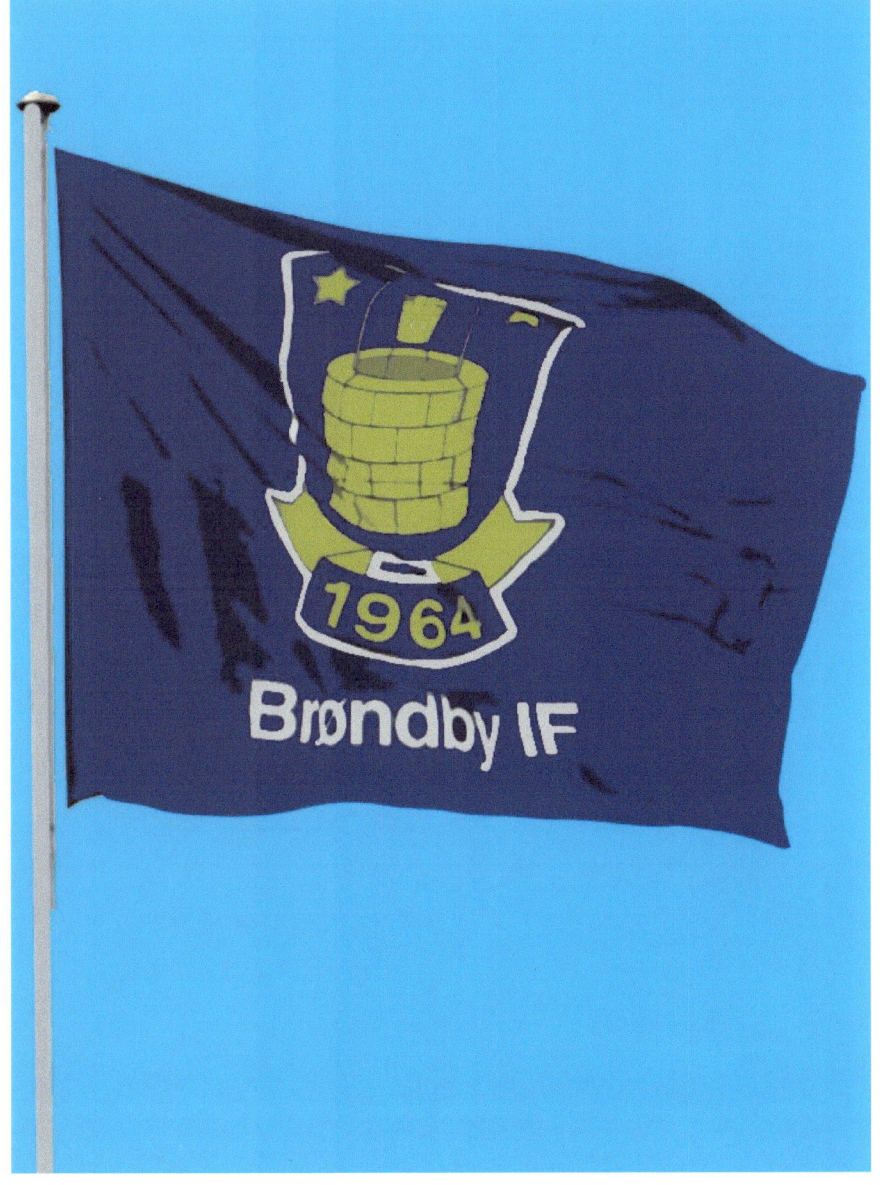

Clubes Estrangeiros

Clubes Estrangeiros

CENTRAL ESPAÑOL

Central Español Fútbol Club

Av. Dr. Américo Ricaldoni
2875
Montevideo
Uruguay
www.central.com.uy

A rivalidade amistosa e histórica entre o Central Español e o Miramar Misiones, faz desse o clássico mais diferente do mundo, o Clássico del Muro é a rivalidade mais próxima do futebol mundial, os estádios dos clubes são separados apenas por um muro. Os dois pequenos recintos têm capacidade para cerca de seis mil espectadores e estão localizados no Parque Batle, bem no coração de Montevideo, onde também está situado o lendário Estádio Centenário.

O Central não possuía estádio, a equipe peregrinava mandando seus primeiros jogos em Punta Carretas, Maroñas e Parque Fraternidad. Somente em 1937 foi construído o estádio Parque Palermo, batizado com o nome do bairro do Central, mas localizado no bairro Parque Battle, o local foi escolhido porque era mais perto de Palermo, onde se concentrava a maior parte da torcida palermitana.

O pequeno e acanhado estádio Parque Méndez Piana, sempre esteve localizado no Parque Battle, entre o estádio Centenário e o Parque Palermo. Contudo, em 1980, após a fusão de CS Miramar e Misiones FC, o estádio foi escolhido como sede da nova equipe que acabara de surgir.

O Miramar Misiones é um dos poucos clubes uruguaios que representam o escudo de forma integral no seu pavilhão, disposto em onze listras horizontais, sendo seis brancas e cinco pretas, com o emblema no centro, ocupando a largura de sete listras, quatro brancas e três pretas.

Já o Central Espanhol adotou o modelo de estandarte tradicional encontrado na região do Uruguai, onde os pavilhões são estilizados e inspirados nos seus próprios escudos, sem estes estarem presente integralmente no campo da insígnia. O modelo consiste nas faixas vermelhas largas intercaladas por listras finas brancas e com uma faixa larga azul na diagonal descendente partindo do alto da tralha para o canto inferior direito, e sobre ela, um círculo também azul com as iniciais do clube em branco.

Clubes Estrangeiros

CHARLESTON BATTERY

Charleston Battery

75 Port City Landing
Suite 320
Mt. Pleasant, SC 29464
USA
www.charlestonbattery.com

Clubes Estrangeiros

CHELSEA

Chelsea Football Club

Stamford Bridge
Fulham Road
London, SW6 1HS
England
www.chelseafc.com

Clubes Estrangeiros

CICAGO FIRE

Chicago Fire Football Club

1 North Dearborn St.
Suite 1300
Chicago, IL 60602
USA
www.chicagofirefc.com

Clubes Estrangeiros

COLO-COLO

Club Social y Deportivo Colo-Colo

Avenida Maratón 5300
Macul (Santiago de Chile
Chile
www.colocolo.cl

Clubes Estrangeiros

CRUZ AZUL

Cruz Azul Fútbol Club

Av. San Pablo 100, La Noria
Xochimilco
Ciudad de México
Mexico
www.cruzazulfc.com.mx

Clubes Estrangeiros

DEFENSA Y JUSTICIA

Club Social y Deportivo Defensa y Justicia

Av. Calchaquí Km 28,5 (Ex Ruta Nº 2)
Florencio Varela
Provincia de Buenos Aires
Argentina
defensayjusticia.org.ar

Clubes Estrangeiros

DEFENSOR

Defensor Sporting Club

21 de Setiembre 2362
11200 Montevideo
Uruguay
www.defensorsporting.com.uy

Clubes Estrangeiros

DEPORTIVO LA CORUÑA

Real Club Deportivo de La Coruña

Plaza de Pontevedra 19-1º
15003 La Coruña
Espanha
www.rcdeportivo.es

Clubes Estrangeiros

EVERTON

Everton Football Club

Goodison Park
L4 4EL Liverpool
England
www.evertonfc.com

Clubes Estrangeiros

FENERBAHÇE

Fenerbahçe Spor Kulübü

Bağdat Cad. No:2B Kızıltoprak
34724 Kadıköy
İstanbul
Türkiye
www.fenerbahce.org

Clubes Estrangeiros

FEYENOORD

Feyenoord Rotterdam

Stadion Feyenoord "De Kuip"
Van Zandvlietplein 3
3007 AP Rotterdam
Netherlands
www.feyenoord.nl

Clubes Estrangeiros

FIORENTINA

Associazione Calcio Firenze Fiorentina

Viale Manfredo Fanti, 4
50137 Firenze
Italia
acffiorentina.com

Clubes Estrangeiros

FREM

Julius Andersens Vej 7
2450 København SV.
Denmark
www.bkfrem.dk

Boldklubben Frem

Clubes Estrangeiros

GALATASARAY

Galatasaray Spor Kulubu

Ali Sami Yen Spor Kompleksi
Türk Telekom Stadyumu
Huzur Mah. 34415 Seyrantepe
Sarıyer – İstanbul
Türkiye
www.galatasaray.org

Clubes Estrangeiros

HAMMARBY

Orrfjärdsgränd 13
120 53 Årsta
Sweden
www.hammarbyfotboll.se

Hammarby Idrottsförening

Clubes Estrangeiros

HB TÓRSHAVN

Gundadalur
Postsmoga 1333
FO-110 Tórshavn
Faroe Islands
www.hb.fo

Havnar Bóltfelag Tórshavn

Clubes Estrangeiros

HIGHLANDERS

Highlanders Football Club

50 Robert Mugabe Way, POBox
396, Bulawayo
City of Zimbabwe
Zimbabwe
www.highlandersfc.co.zw

Clubes Estrangeiros

IF
Ítróttarfelag Fuglafjardar

Postrúm 94
530 Fuglafjordur
Faroe Islands
www.if.fo

Clubes Estrangeiros

INDEPENDIENTE

Avenida Mitre 470
1870 Avellaneda
Argentina
www.clubaindependiente.com

Club Atlético Independiente

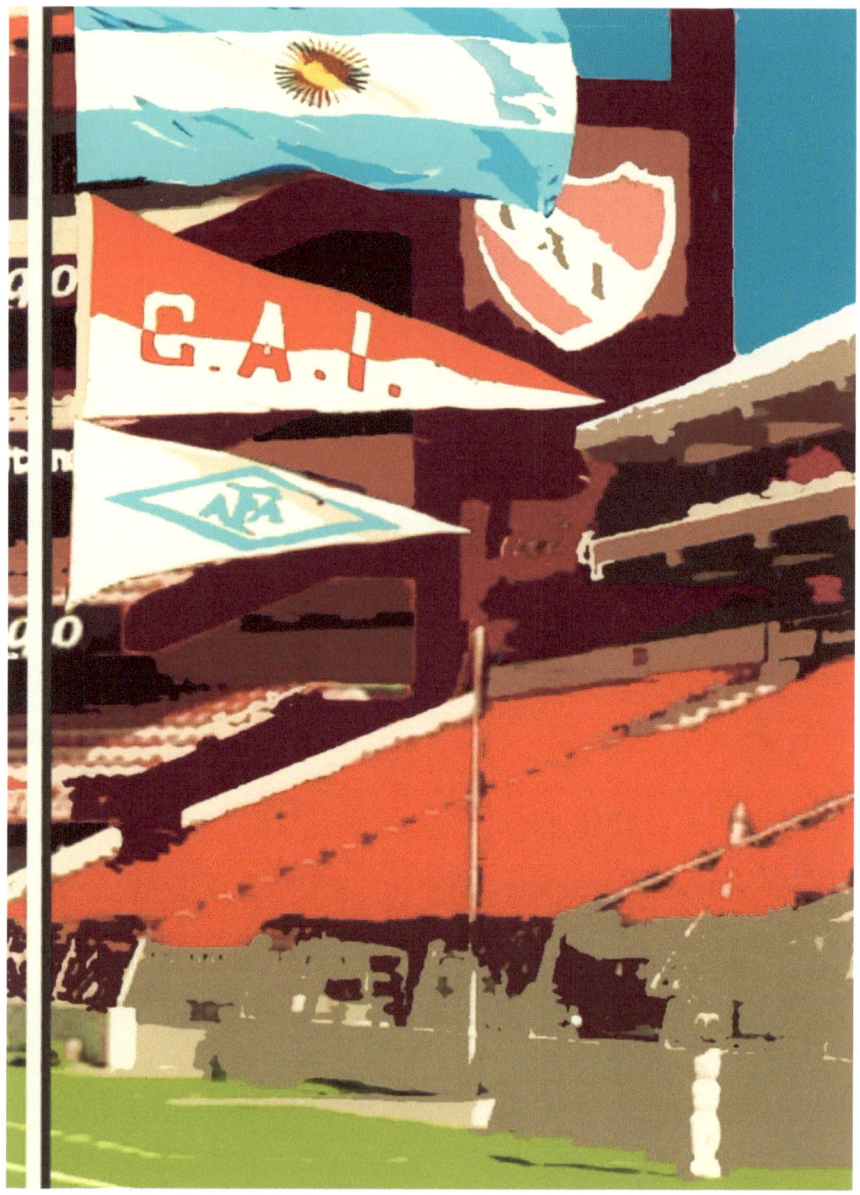

Clubes Estrangeiros

JUVENTUS

Via Druento, 175
10151 Torino
Italia
www.Juventus.com

Juventus Football Club

Clubes Estrangeiros

KASHIMA ANTLERS

Awa-Higashiyama 2887
314-0021 Kashima
Ibaraki
Japan
www.antlers.co.jp

Kashima Antlers Football Club

Clubes Estrangeiros

KYOTO SANGA

87 Kankoboko cho
Shijodori, Shimogyo-Ku
600-8586 Kyoto
Japan
www.sanga-fc.jp

Kyoto Sanga Football Club

Clubes Estrangeiros

KR REYKJAVÍKUR

Knattspyrnufélag Reykjavíkur

Frostaskjól 2
107 Reykjavík
Iceland
www.kr.is

Clubes Estrangeiros

LECCE

Colonello Archimede Costadura 3
73100 Lecce
Italia
www.uslecce.it

Unione Sportiva Lecce

Clubes Estrangeiros

LEIXÕES

Leixões Sport Club

Rua Roberto Ivens, 528
4451-901 Matosinhos
Portugal
www.leixoessc.pt

Clubes Estrangeiros

LIBERTAD
Club Libertad

Artigas 1.030 esq.
Cusmanich
Asuncion
Paraguay
Clublibertad.com.py

Clubes Estrangeiros

LIVERPOOL

Anfield Road,
Liverpool, L4 0TH,
England
www.liverpoolfc.com

Liverpool Football Club

Clubes Estrangeiros

LYNGBY

Lundtoftevej 61
2800 Kgs. Lyngby
Denmark
www.lyngby-boldklub.dk

Lyngby Boldklubben af 1921

Clubes Estrangeiros

MALDONADO

Club Deportivo Maldonado

Arazá,
20000 Maldonado,
Departamento de Maldonado,
Uruguay
www.deportivomaldonado.com

Clubes Estrangeiros

MALLORCA
Real Club Deportivo Mallorca S.A.D.

Camí dels Reis
07011 Palma de Mallorca
España
www.rcdmallorca.es

Clubes Estrangeiros

MARÍTIMO

Club Sport Marítimo

Complexo Desportivo do Marítimo
Rua Campo do Marítimo
9020-208 Funchal
Portugal
www.csmaritimo.org.pt

A bandeira escolhida para símbolo do Marítimo representa as cores da república nacional, desde o inicio as cores oficiais do clube são o verde e o vermelho, cores das faixas que as primeiras equipes dos "marítimos" usavam como forma de as distinguir nos jogos que disputavam entre si. Além disso, os ideais republicanos ganhavam força em oposição ao regime monárquico da época. E também na ocasião o grande rival Club Sports Madeira utilizava as cores monárquicas (azul e branco), todo esse contexto contribuiu para a adoção das cores republicanas.

O primeiro símbolo se manteve até 1916, aludia claramente às origens marítimas, o emblema continha uma estandarte com as iniciais CSM, uma âncora, o leme, um remo e um arpão. A bola de futebol representava o esporte praticado pelo clube.

Em 1917, José Inês Ramos, um desenhista da Casa de Bordados Hughs, foi encarregado de criar um novo símbolo para o clube. A grande mudança foi a inclusão da a figura de um Leão no centro do emblema, mas foram mantidas as raízes marítimas, bem expressas no leme. No cimo do leme aparecem duas faixas unidas com a cor verde e vermelha e as iniciais do clube. Com o tempo o símbolo sofreu ligeiras alterações sem mudar a sua originalidade.

Na imagem principal aparece o pavilhão do clube, um retângulo verde, com a cruz simétrica vermelha, o losango com fundo branco e dentro desse o escudo do clube. Ao fundo se avista a cidade do Funchal na ilha da Madeira. Nessa ilha que se praticou o futebol pela primeira vez em solo lusitano, em 1885 no Largo da Achada na freguesia da Camacha, o jovem Harry Hinton que estudava em Londres trouxe a primeira bola de futebol para Portugal e praticava o esporte com alguns amigos e familiares nesse local.

Marcha do Marítimo

Somos Campeões
Pela vida inteira
Nossos Corações
São para a Madeira
Desde a terra-mãe
Até ao Ultramar
Nosso lema tem
De lutar, lutar

Lá no Continente
E até aos Açores
Moçambique e Angola
São nossos amores
Já deixamos fama
De valor sem par
Arde em nós a chama
De lutar, lutar

Estribilho

Encarnado e verde
Cores sem igual
Da nossa bandeira
E de Portugal
E que ninguém pense
Em ter ilusões
Ser bom Madeirense
É gostar dos campeões

Clubes Estrangeiros

MANCHESTER UNITED

Manchester United Football Club

Matt Busby Way
M16 0RA Manchester
England
www.manutd.com

Clubes Estrangeiros

MIDDLESBROUGH

Riverside Stadium
TS3 6RS Middlesbrough
England
www.mfc.co.uk/

Middlesbrough Football Club

Clubes Estrangeiros

MILAN

Via Aldo Rossi 8
20149 Milano
Italia
www.acmilan.com

Associazione Calcio Milan S.p.A.

Clubes Estrangeiros

MILLWALL

Zampa Road
SE16 3LN London
England
www.millwallfc.co.uk

Millwall Football Club

Clubes Estrangeiros

MONTEDIO YAMAGATA

Montedio Yamagata

Sanno 1-1
〒994-0000 Tendo,
Yamagata
Japan
www.montedio.or.jp

O time do Montedio e conhecido como "Os Reis da Montanha" por estar localizado na região montanhosa de Yamagata, em seu pavilhão é representado traços de uma montanha nevada, como aparece ao fundo na imagem. A bandeira do clube está em primeiro plano mais à direita, ao centro está o estandarte da J-league e mais esquerda está hasteada a bandeira do Mito Hollyhock, clube da cidade de Ibaraki.

Clubes Estrangeiros

NACIONAL PARAGUAI

Club Nacional

Av. Cerro Léon y Paraguari
Asunción
Paraguay
www.clubnacional.com.py

Clubes Estrangeiros

NACIONAL URUGUAY

Club Nacional de Football

Avenida 8 de Octubre 2847
Montevideo
Uruguai
www.nacional.com.uy

Clubes Estrangeiros

NEWCASTLE

St. James' Park
NE1 4ST Newcastle
England
www.nufc.co.uk

Newcastle United Football Club

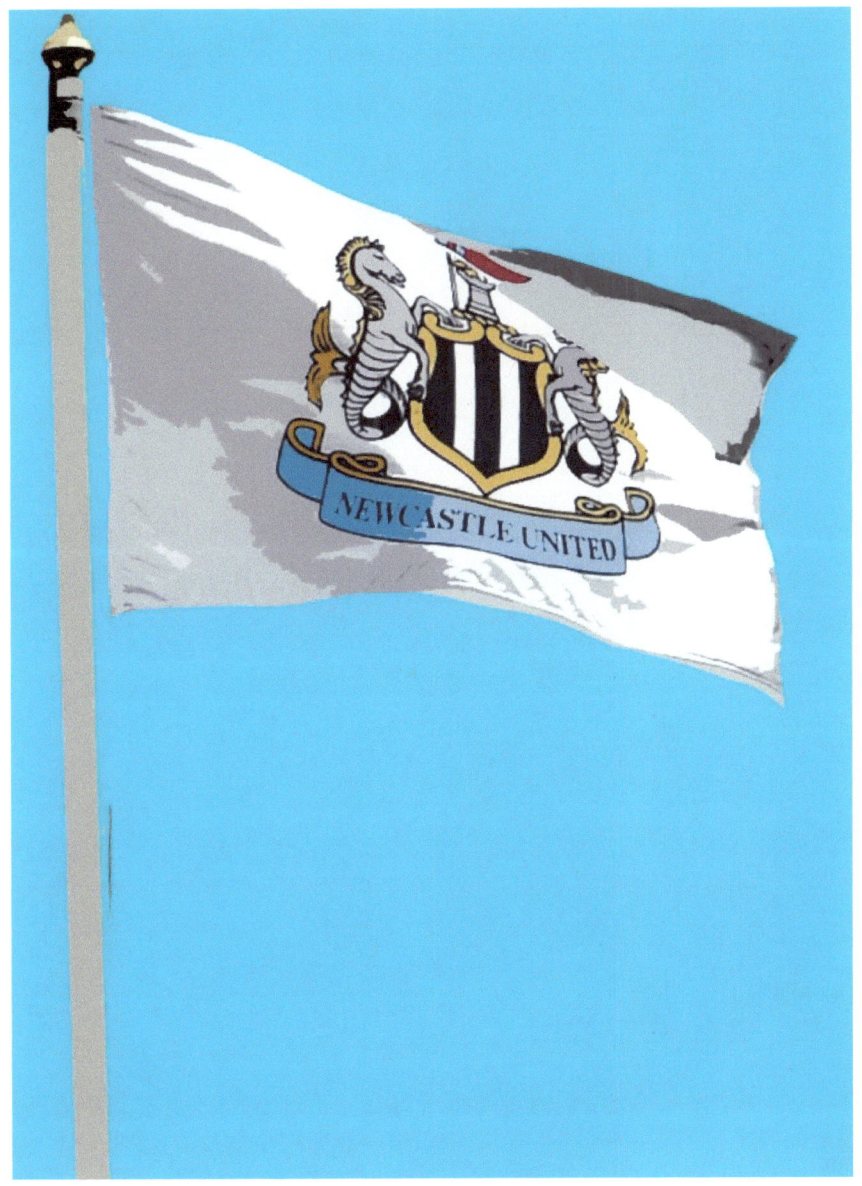

Clubes Estrangeiros

NORWICH CITY

Carrow Road
NR1 1JE Norwich
England
www.canaries.co.uk

Norwich City Football Club

Clubes Estrangeiros

NOTTINGHAM FOREST

Nottingham Forest Football Club

The City Ground
NG2 5FJ Nottingham
England
www.nottinghamforest.co.uk

Clubes Estrangeiros

NOTTS COUNTY

Meadow Lane
NG2 3HJ Nottingham
England
www.nottscountyfc.co.uk

Notts County Football Club

É o clube profissional de futebol mais antigo do mundo, fundado em 28 de novembro de 1862, e as suas cores inspiraram o uniforme da Juventus de Turim

Clubes Estrangeiros

NÜRENBERG

1. Fußball-Club Nürnberg
Verein für Leibesübungen e. V.

Valznerweiherstraße 200
90480 Nürnberg
Deutschland
www.fcn.de

Clubes Estrangeiros

OLIMPIA

Avenida Mariscal López, 1499
Asunción 1120
Paraguai
www.clubolimpia.com.py

Club Olimpia

Clubes Estrangeiros

OLIMPIACOS

Olympiacos Piraeus Football Club

Alexandras Square, Zea Port
Pireas 185 34
Greece
www.olympiacos.org

Clubes Estrangeiros

PANATHINAIKOS

Leoforos Pentelis 13
152 35, Vrilissia, Athens
Greece
www.pao.gr

Panathinaikos Athlitikos Omilos

Clubes Estrangeiros

PESCARA

Via Arrone, 7
65128 Pescara PE
Italia
www.pescaracalcio.com

Pescara Calcio 1936

Clubes Estrangeiros

PAVILHÕES DO ESPORTE BRETÃO

PEÑAROL

Club Atletico Peñarol

Clubes Estrangeiros

Magallanes 1721
C.P.:11200. MONTEVIDEO
URUGUAY
www.peñarol.org/

Um clube de cricket fundado em 28 de setembro de 1891 como Central Uruguay Railway Cricket Club (CURCC), passou a praticar o futebol a partir de 1892, criado pelos empregados da Central Uruguay Railway Company of Montevideo, companhia ferroviária que funcionava no país desde 1878. Mais tarde, em 13 de dezembro de 1913 com o objetivo de reforçar suas origens, foi renomeado para Peñarol CURCC, e em 12 de março de 1914 virou Club Atlético Peñarol, o nome provém da Villa Peñarol na periferia de Montevideo, onde o clube foi fundado.

Desde o inicio por iniciativa do presidente Roland Moor os "Carboneros" são identificados pelo preto e amarelo (ouro e carvão), as cores da Locomotiva Rocket, da empresa ferroviária que deu origem ao clube. O Peñarol é primeiro e o maior campeão uruguaio, com 50 títulos, sendo o primeiro conquistado em 1900, também tem uma expressiva importância no futebol mundial, conquistou 5 Libertadores e 3 Taças Intercontinentais, sendo considerado o Campeão do Século 20.

A bandeira assim como o escudo, foram originalmente concebido e desenhado pelo arquiteto Constante Facello, e consiste em 9 faixas (5 pretas e 4 amarelas) inicialmente continha na parte superior do distintivo e no cantão do pavilhão, as iniciais CURC do antigo nome. Atualmente contem as 11 estrelas amarelas em fundo preto representando os 11 jogadores que formam um time de futebol, como consta na ilustração do pavilhão hasteado no Palácio Peñarol.

A maior bandeira do mundo foi apresentada em 12 de abril de 2011 no Estádio Centenário em Montevideo, na partida válida pela Copa Libertadores contra o Independiente, com mais de 14 mil metros quadrados, O bandeirão tem 309 metros de comprimento e 45,8 de largura e ocupou mais de um terço do estádio. Os torcedores investiram 400 litros de tinta e cerca de US$ 35 mil dólares para fazer a bandeira, que pesa 1.800 quilos sendo necessário 350 pessoas para transportá-la.

Clubes Estrangeiros

PORTO

Futebol Clube do Porto

Estádio do Dragão
Via Futebol Clube do Porto
Entrada Nascente, Porta 15, Piso 3
4350-415 Porto
www.fcporto.pt

Clubes Estrangeiros

PSV

Postbus 886
5600 AW Eindhoven
Netherlands
www.psv.nl

Philips Sport Vereniging

Clubes Estrangeiros

PUMAS UNAM

Totonacas No. 560
Delegación Coyoacán
04300 Ciudad de México
Mexico
www.pumas.mx

Club Universidad Nacional Autonoma de Mexico

Clubes Estrangeiros

RACING

Racing Club Asociación Civil de Avellaneda

Av. Pres. Bartolomé Mitre 934
1870 Avellaneda,
Provincia de Buenos Aires
Argentina
www.racingclub.com.ar

Clubes Estrangeiros

RAYO VALLECANO

Calle Payaso Fofó
28018 Madrid
España
www.rayovallecano.es

Rayo Vallecano de Madrid S.A.D.

Clubes Estrangeiros

RIVER PLATE
Club Atlético River Plate

Av. Figueroa Alcorta 7597
(C1424BCL) CABA
Buenos Aires
Argentina
www.cariverplate.com.ar

Clubes Estrangeiros

SAMPDORIA
Unione Calcio Sampdoria

Piazza Borgo Pila, 39
Torre B, Piano 5
16 129 Genova GE
Italia
www.sampdoria.it

Orgulhosamente a camiseta da Sampdória representa seu próprio pavilhão, constituído em um quadrilátero cortado por seis faixas horizontais, na sequência de cima para baixo, azul médio, branca, vermelha, preta, branca e azul médio, sendo as dimensões de suas larguras, 3,5 para as azuis, 1,5 para as brancas e 1 para a vermelha e preta. Estando assim estampada as cores dos seus antigos antecessores.

O clube se originou em 12 de agosto de 1946, após a fusão de dois clubes, curiosamente agregou partes dos nomes das antigas equipes, o "Samp" do Ginnastica Sampierdarenese e o "Dória" do Societá Ginnastica Andrea Dória. Além de compartilhar partes dos nomes das antigas instituições, a Sampdória também herdou as suas cores, as camisas azuis de Andrea Dória e os calções brancos e meiões vermelhos e pretos do Sampierdarenese.

Os blucerchiati (circulados de azul) foram campeões italianos em 1990 e compartilham o Estádio Luigi Ferraris da cidade de Gênova com seu rival, o Genoa Cricket e Football Club. A Sampdoria tem suas origens a partir dos pescadores de Genova, e em seu escudo esta estampada uma silhueta negra de um típico pescador genovês, o baciccia.

Na Ilustração Principal, o Centro Esportivo Gloriano Mugnaini, de propriedade do clube, instalado na localidade de Poggio Favaro, a leste de Genova. O pavilhão blucerchiati está hasteado na entrada principal do campo, e ao fundo se avista as colinas Favaro e San Bernardo.

Clubes Estrangeiros

ST. PAULI

Harald-Stender-Platz 1
20359 Hamburg
Deutschland
www.fcstpauli.com

Fußball-Club St. Pauli von 1910

Clubes Estrangeiros

SAN LORENZO

Av. La Plata 1794
C1250 AAU, Buenos Aires
Argentina
www.sanlorenzo.com.ar

Club Atlético San Lorenzo de Almagro

Clubes Estrangeiros

SAPRISSA

San Juan de Tíbás 2834-1000
(San José)
Costa Rica
www.deportivosaprissa.com

Deportivo Saprissa

Clubes Estrangeiros

SCHALKE 04

Fußball-Club Gelsenkirchen-Schalke 04

Ernst-Kuzorra-Weg 1
45891 Gelsenkirchen
Deutschland
www.schalke04.de

Clubes Estrangeiros

SHEFFIELD WEDNESDAY

Hillsborough
S6 1SW Sheffield
England
www.swfc.co.uk

Sheffield Wednesday Football Club

Clubes Estrangeiros

STRØMSGODSET

Strømsgodset Idrettsforening

Øvre Eikervei 25
3005 Drammen
Norway
www.godset.no

Clubes Estrangeiros

SOUTHAMPTON

Southampton Football Club

St Mary's Stadium
Britannia Road
SO14 5FP Southampton
England
www.southamptonfc.com

Do porto de Southampton partiu Charles Miller com as primeiras bolas e os equipamentos do esporte bretão para o Brasil. Atualmente até o endereço do clube faz menção à Britannia, a província romana que deu origem ao termo bretão.

Clubes Estrangeiros

SPARTA PRAHA

Milady Horákové 1066/98
170 82 Praha
Czech Republic
www.sparta.cz

Atetický Club Sparta Praha Fotbal

Clubes Estrangeiros

SPORTING

Sporting Clube de Portugal

Rua Professor Fernando da
Fonseca Apartado 4120,
1501-806 Lisboa
Portugal
www.sporting.pt

Em 1907 foi criada a primeira bandeira com as iniciais do Clube, bem como o emblema oficial, que ostenta um leão rampante de cor branca sobre fundo verde. Este modelo foi consagrado nos Estatutos do Clube. O pavilhão foi bordado à mão por D. Julieta Garin Holtreman Roquette e D. Luísa Hortense Holtreman Roquette, netas do Visconde de Alvalade e irmãs de José Alvalade.

O símbolo do Sporting Clube de Portugal foi idealizado numa conversa de verão por José Holtreman Roquette (Alvalade), o seu primo José Roquette, António Rebelo de Andrade, nessa reunião também participou D. Fernando de Castelo Branco (Pombeiro), que autorizou o uso do leão rampante do seu brasão no emblema do Sporting. A insígnia simbolizava a força de vontade em construir um grande clube. O verde foi sugerido pelo Visconde de Alvalade e representava a sua esperança no novo clube, o que foi concordado por todos, para exprimir as boas perspectivas na nova sociedade.

A partir de 1920 o emblema passou a conter o leão rampante dentro do escudo com a sigla SCP em coroa, o que foi mantido até o ano de 2001, quando o Sporting apresentou o símbolo vigente com um novo visual. O emblema é coerente com o passado do Sporting, mas inova ao introduzir três listas brancas horizontais que simbolizam a camiseta do clube. Inclui ainda as palavras Sporting e Portugal, escritas por extenso. O leão é apresentado de forma mais estilizada e com um impacto reforçado pela cor dourada, e a sigla SCP acima do escudo, obrigatória segundo os seus Estatutos.

Artigo 8º
O estandarte do Clube é de pano de seda verde, de forma retangular, tendo ao centro o leão semicirculado pelas iniciais SCP, tudo bordado a prata.
Artigo 9º
1 - A bandeira do Clube é de modelo idêntico ao do estandarte, com o fundo em tecido de cor verde e aplicações, em tecido de cor branca, do símbolo e das iniciais referidas no artigo anterior.
2 - Para as diferentes secções serão adotados guiões triangulares de fundo verde com os distintivos respectivos.

Clubes Estrangeiros

SHKËNDIJA

Ul. Blagoja Toska nr. 1
91229 Tetovo
Macedonia
www.kfshkendija.com

Futbollit Klubi Shkëndija

Clubes Estrangeiros

TOKYO

Football Club Tokyo

1-2-3 Shimoishiwara
Chofu-shi
Tokyo 182-0034
Japan
www.fctokyo.co.jp

Clubes Estrangeiros

TORSLANDA

Torslanda Idrottsväg 17
423 32 Torslanda
Sweden
www.torslandaik.com

Torslanda Idrottsklubb

Clubes Estrangeiros

TOTTENHAM

White Hart Lane
Bill Nicholson Way 748 High Road
N17 0AP London

Clubes Estrangeiros

UNIVERSITÁRIO

Club Universitário de Deportes

Jorge Chavez,4
Brena Lima
Peru
www.universitario.pe

Clubes Estrangeiros

VALLETTA

Valletta Football Club

126, Triq Santa Lucija
VLT 1183 Valletta
Malta
www.vallettafc.net

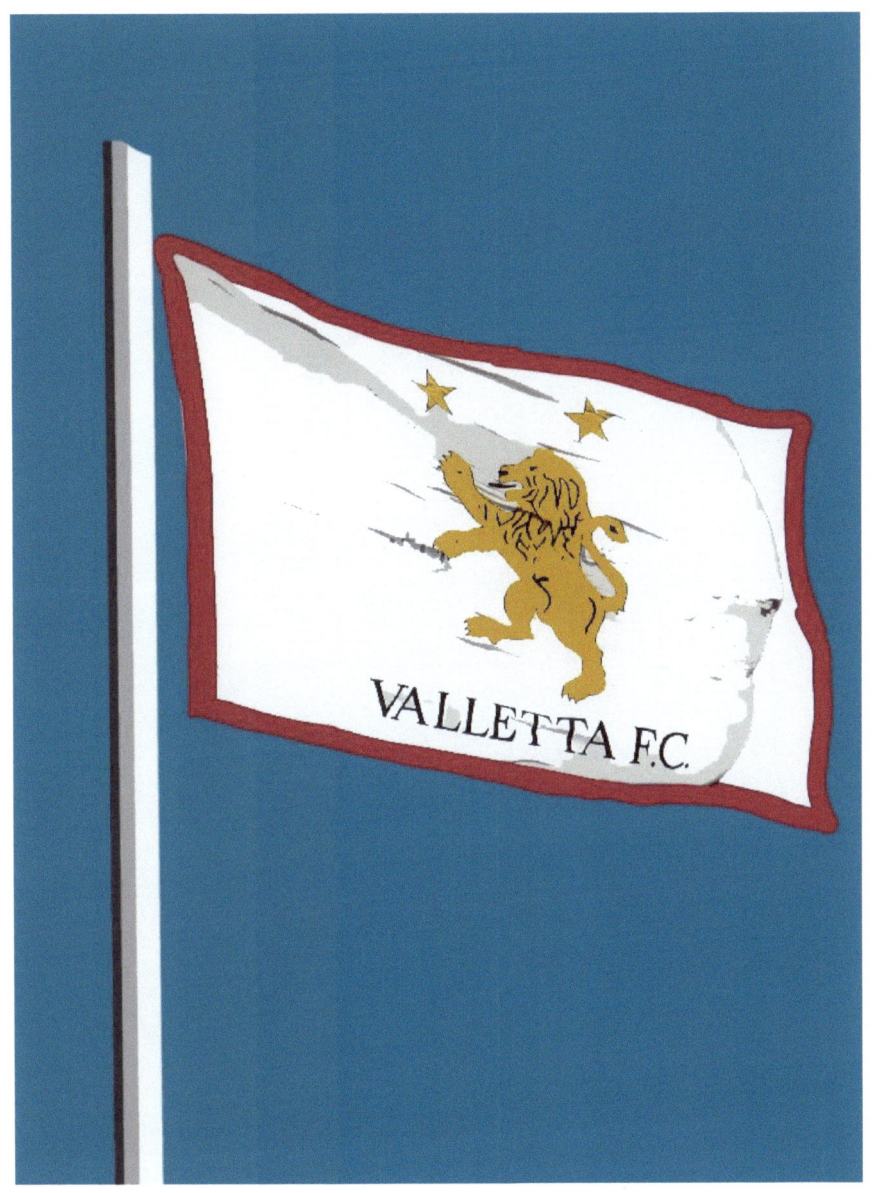

Clubes Estrangeiros

WAITAKERE CITY

Waitakere City Football Club

PO Box 79-026. Royal Heights
Waitakere, 0656
New Zealand
www.waitakerecityfc.org.nz

Clubes Estrangeiros

WELLINGTON PHOENIX

Wellington Phoenix Football Club

Level 1,
The Woolstore Design Centre
258-262 Thorndon Quay,
Pipitea, Wellington
New Zealand
www.wellingtonphoenix.com

Clubes Estrangeiros

WOLVERHAMPTON

Waterloo Road
WV14QR Wolverhampton
England
www.wolves.co.uk

Wolverhampton Wanderers Football Club

Clubes Estrangeiros

ZENIT
Futbolniy Klub Zenit Sankt-Petersburg

DOBROLYUBOVA PROSPECT, 16/A-2
197198, ST. PETERSBURG
Russia
www.fc-zenit.ru

Em 2020, a bandeira do FC Zenit foi hasteada no mastro mais alto da Europa, na Gazprom Arena, em São Petersburgo. A bandeira de três listras em azul, branco e azul claro, com o emblema no centro, para homenagear a vitória do clube no campeonato russo

Problemática
As bandeiras fakes.

Uma informação errada mostrada mil vezes, ainda continua sendo uma informação errada.

Mesmo estando no direito pleno de expressar o amor pelo seu time o torcedor muitas vezes se torna um grande vilão na divulgação da identidade visual da instituição, isso porque ele não se preocupa com as normas e padrões definidos para essas insígnias oficiais. Seguindo essa paixão irracional ele dissemina pelas mídias visuais, insígnias não que não são as oficiais do clube, muitas com erros grotescos, outras ainda com a audácia da inclusão de outros componentes não oficiais.

A escassa divulgação por parte das próprias instituições, ou seja, ainda não se tem o hábito ou a cultura de difundir os símbolos e os seus valores institucionais. Outro problema que se encontra é a inconstância causada por tendências modernas causadas pela identificação visual, em que os clubes mudam suas bandeiras, como o exemplo do Atlético de Madrid, que no seu antigo e destruído Estádio Vicente Calderón hasteava uma bandeira com cinco faixas horizontais vermelhas intercalado por quatro faixas brancas com o escudo do clube ao centro. Que foi alterada na mudança para o seu novo estádio o Wanda Metropolitano, que passou a ostentar um pavilhão com quatro faixas horizontais vermelhas e três brancas com a inclusão do novo escudo ao centro.

Pavilhões do Esporte Bretão é uma coleção constituída exclusivamente por bandeiras oficiais das instituições de futebol do mundo inteiro, e visa resolver a problemática encontrada nas mídias visuais. Baseado em uma pesquisa que durou dezoito anos e alicerçada em muitas fontes oficiais, o que outorga a sua fidedignidade.

As bandeiras fakes

A seguir algumas bandeiras que são dispostas nas mídias visuais em formatos incorretos.

https://i.redd.it/23ifktkgesu41.png

https://i.redd.it/flrsjwnhwpu41.png

https://i.redd.it/gmfxg1g2vuu41.png

Bibliografia

Facebook.com
Google.com
Google Street View
Instagram
Youtube.com
https://www.fifa.com/
https://www.crwflags.com/fotw
FEDERATIÓN INTERNATIONALE DE ASSOCIATIONS VEXILLOLOGIQUES (FIAV).2017
<http://www.fiav.org/FlagInformationCode.pdf
ENCICLOPÉDIA MIRADOR INTERNACIONAL. Encyclopaedia Britânnica do Brasil. Volume 3 .p.1176-1177. São Paulo, 1982
Guillaume-Louis-Gustave Belèze, dicionário universal da vida prática para a cidade e o campo ... Paris, L. Hachette, 1859, vol. 1
<http://edu-cacao.blogspot.com/2011/07/esporte-britanico.html
<https://pt.wikipedia.org/wiki/The_Football_Association
Livro Os ingleses, página 255, por Peter Burke e Maria Lúcia Garcia Pallares-Burke, Editora Contexto (2016).
"History of Football – Britain, the Home of Football". FIFA.com. Retrieved 22 May 2018.
Simon Hornblower and Antony Spawforth, eds. (1998). The Oxford Companion to Classical Civilization. [S.l.]: Oxford University Press.
Um Século de Futebol no Brasil. Do Sport Club Rio Grande ao Clube dos Treze, páginas 17 e 19, por Claudio Dienstmann e Pedro Ernesto Denardin, Editora APLUB (2000)
https://www.google.com.br/maps - Estádio Centenário - Jose Nueveonce - Street View - jun. 2018
https://www.reuters.com/news/picture/pressure-from-us-prosecutors-may-be-best-idUSKCN0Q00NL20150726
https://twitter.com/esafc/status/792470815337873408?lang=bg
https://www.fgf.com.br/public/uploads/noticias/mastro2018.jpg
https://gauchazh.clicrbs.com.br/esportes/gauchao/noticia/2015/05/foto-inter-retira-bandeira-do-gremio-da-taca-do-gauchao-4753999.html
https://futpopclube.files.wordpress.com/2011/12/dscn1514.jpg
https://img.meutimao.com.br/_upload/ckeditor/2013/11/fachada-fpf_54.jpg
https://www.heraldo.es/noticias/deportes/futbol/real-zaragoza/2013/02/06/bufandeo-como-muestra-de-apoyo-al-real-zaragoza-182274.html
https://1.bp.blogspot.com/-93e9wC7XTHw/VCSc9fKRcAI/AAAAAAAAK8/di2FMMX8GQI/s1600/Rome_Malta%2B068.JPG
https://www.transfermarkt.com.br/
https://maisfutebol.iol.pt/reportagem/clasico-del-muro
https://pt.wikipedia.org/wiki/Club_Sport_Mar%C3%ADtimo
www.flamengo.com.br/estatuto-do-clube
https://escolaeducacao.com.br/maiores-campeoes-futebol-brasileiro
https://www.stuff.co.nz/auckland/local-news/western-leader/83460656/waitakere-football-coachs-shock-death
https://www.facebook.com/wellingtonphoenixfc/photos/a.168313984238/10158521000289239/?type=3
http://www.shanghaidaily.com/newsimage/2016/07/21/020160721232614.jpg
https://www.newsflare.com/video/366588/fc-zenit-put-its-flag-on-the-highest-flagpole-in-europe-over-st-petersburg
http://www.nipocultura.com.br/mitologia-e-esporte

http://softwarelivre.org/atletico/se-houver-uma-camisa-preta-e-branca...-texto-de-roberto-drummond
https://atletico.com.br/uploads/2019/05/09000959/estatuto-social.pdf
http://ligeirinhoclubesemdestaque.blogspot.com/2013/06/ge-bage-bagers.html
https://blogdogersonnogueira.files.wordpress.com/2019/02/bangu-bandeira-rio-de-janeiro-brasil-1549917669704_v2_615x300.jpg
https://edurickesphotos.wordpress.com/brasil-de-pelotas/
http://cearasc.com/deploy/media/img/noticias/_Bandeiracap_14.jpg
https://i.superesportes.com.br/duaZiVo1E3nzypmXqcIP-RLvrXk=/smart/imgsapp.mg.superesportes.com.br/app/noticia_126420360808/2018/10/01/506068/20181001202150720043u.jpg
https://www.coritiba.com.br/editorialistagem/77
https://globoesporte.globo.com/platb/files/164/2012/08/Cristo-_-Bandeira-130948-1_0002.jpg
https://leiemcampo.com.br/wp-content/uploads/2020/09/Figueirense-menor-1140x815.jpg
https://fla-bucket-s3-us.s3.amazonaws.com/public/images/artigos/28663/1543539601.jpg
https://diariodegoias.com.br/wp-content/uploads/2017/02/goias_serrinha.jpg
https://www.rbsdirect.com.br/imagesrc/24340910.jpg?w=700
https://globoesporte.globo.com/platb/files/174/2008/08/bandeira-gigante.jpg
https://www.facebook.com/FeitosRelevantes/photos/p.3092394664118124/3092394664118124/?type=3&theater
https://3.bp.blogspot.com/-9pt37OKzIt8/VmeH7IsYyuI/AAAAAAABjow/i95evzm5d90/s1600/bandeira%2Binter.JPG
https://adm.londrinaesporteclube.com.br//files/Clube%20-%20Institucional/Bandeira_02_site_STJD_10-01-2020.jpg
https://folhapress.folha.com.br/content/photos/A/E/13131736-vlow.jpg
https://i0.statig.com.br/bancodeimagens/b3/jt/so/b3jtsobdj8qvbw01vft9da811.jpg
https://media.gazetadopovo.com.br/2017/01/8095f1ea998d14de6654f1cbd12a3498-gpMedium.jpg
https://upload.wikimedia.org/wikipedia/commons/7/75/Hotel_Ant%C3%B4nio_Diogo_Couceiro.jpg
https://encrypted-tbn0.gstatic.com/images?q=tbn:ANd9GcRqE-eGwKIRm2marBKrfNm3PquObbT7MKuhPw&usqp=CAU
https://static-wp-tor15-prd.torcedores.com/wp-content/uploads/2019/07/bandeira-do-remo-foto-ascom-remo-11.jpg
https://encrypted-tbn0.gstatic.com/images?q=tbn:ANd9GcRmSKmIXyubsHqCMWRgPT400pj_WA5k6RRK7Q&usqp=CAU
https://www.santosfc.com.br/wp-content/uploads/2016/11/Bandeira-SFC-Luto.jpg
https://coraljampa.files.wordpress.com/2011/11/foto_26.jpg
https://i.superesportes.com.br/hhOXW1L50-fzJPeBHdfxUP0CMmE=/smart/imgsapp.pe.superesportes.com.br/app/noticia_127117037534/2020/10/05/61847/20201005161416195691o.jpeg
https://s2.glbimg.com/TNPhDSwTAd7AEI0aeswtR_w8r4s=/0x0:4673x2957/984x0/smart/filters:strip_icc()/i.s3.glbimg.com/v1/AUTH_bc8228b6673f488aa253bbcb03c80ec5/internal_photos/bs/2020/t/x/o3RLjxS7SFAhIVHLnUAQ/nossoct-bandeira1.jpg
https://ecv1899.files.wordpress.com/2014/03/bandeira-ecv.jpg

Obras do Autor:

Lightning Source UK Ltd.
Milton Keynes UK
UKHW051349160421
382074UK00001B/20